新时代教师教育类系列丛书

“岗课赛证”“融合媒体”新形态一体化教材

幼儿教师礼仪与沟通

主　编◎岳婧娟　史冬防　刘子祥

副主编◎苏　畅　彭　玥　郭丽君

周　睿　王怡雯

参　编◎方　宇　蒋雷艳　罗丽韫

首都师范大学出版社

CAPITAL NORMAL UNIVERSITY PRESS

图书在版编目（CIP）数据

幼儿教师礼仪与沟通／岳婧娟，史冬防，刘子祥主编．—北京：首都师范大学出版社，2022.11

ISBN 978-7-5656-7316-0

Ⅰ．①幼…　Ⅱ．①岳…　②史…　③刘…　Ⅲ．①幼教人员－礼仪②幼教人员－语言艺术　Ⅳ．①G615

中国版本图书馆CIP数据核字（2022）第228918号

幼儿教师礼仪与沟通

岳婧娟　史冬防　刘子祥　主编

责任编辑　王晶

首都师范大学出版社出版发行

地　　址　北京市西三环北路105号

邮　　编　100048

电　　话　68418523（总编室）68982468（发行部）

网　　址　http：//cnupn.cnu.edu.cn

印　　刷　河南豫统印刷有限公司

经　　销　全国新华书店

版　　次　2022年11月第1版

印　　次　2022年11月第1次印刷

开　　本　787mm×1092mm　1/16

印　　张　12.25

字　　数　294千

定　　价　49.00元

前　言

《易经·蒙卦》云："蒙以养正，圣功也。"在中国的古代教育中，人们就将启蒙教育作为人生最重要的课程，启蒙教育是对一个人进行正面的、向善的教育的重要阶段。童蒙养正是指在幼儿启蒙阶段接受最重要的养正教育。中国的童蒙教育历史很悠久，最经典的教育素材就有《三字经》《百家姓》和《千字文》，也就是俗称的"三百千"。清代李子潜在长期进行童蒙教育中体会到教孩子行为端正要比教孩子知识更为重要。由此，他结合自己的教育实践写成了《训蒙文》，后来经过贾存仁修订，改名为《弟子规》，对后世童蒙养正教育起着不可估量的作用。

本书是一本针对学前教育专业在校学生学习现代礼仪、运用现代礼仪、能实施幼儿园礼仪教育的教材。幼儿园教师礼仪是学前教育工作者必须具备的基本职业素养，是促进师幼关系、家园关系和谐，提高教育质量，赢得社会认可的最佳途径，同时也是学前教育专业一门重要的专业基础课程。本书以训练学习者的职业礼仪素养为目标，旨在使学生明礼、习礼，成为礼仪之师，以礼仪之师，育礼仪之幼儿。

幼儿教师是服务于幼儿的行业，协调和处理与幼儿、与幼儿家长、与工作中的同事、领导之间的人际关系是幼师工作的重要内容。因此，人际沟通是幼儿教师必须具备的基本技能之一。人际沟通课程的开设，对提高幼师的专业素质，改善幼师工作中的人际关系，建立良好的工作氛围都将起到积极的作用。

当今中国，习近平同志提出了实现中国梦的宏伟目标，实现中国梦是一个长期的过程。大力发展教育，是实现中国梦的基础。幼儿园教育又是整个教育体系的根基。幼儿园教育具有家庭教育和社会教育所没有的优点，如计划性、系统性等。幼儿园教育的关键在教师，幼儿教师是幼儿启蒙教育的施教者，是对幼儿一生有着重要影响的人，幼儿教师的言传身教对幼儿有着不可估量的影响，幼儿教师的修养直接影响着幼儿。

本教材以幼儿园教师岗位的需求为内容，结合工作实际，将礼仪与幼儿园一日生活中的各个环节相结合，分为九个项目，对幼儿教师工作中的礼仪与沟通进行了细致的讲解与叙述。

总体来说，本教材具有如下特色：

1. 岗学结合，注重实训

贯彻《幼儿园教师专业标准（试行）》文件精神设置内容，强调岗学结合。在每个任务后面设置"乐学善思"栏目，每个项目后面添加实训活动，对项目知识进行巩固与实践，实现教、学、做一体，凸显教材实用性。

2. 三级学习目标，融入思政

教材各个项目以知识目标、能力目标、素质目标为引领，呈现相关知识，同时，本教材还在任务中根据需要设置"传统文化知多少"栏目，激发学生对传统文化的兴趣，重视"立德树人"目标的实现。

3. 关联教资，助力考证

教材结合幼儿园教师资格证考试制度，设置有幼儿园教师资格证考试面试理论知识介绍和实训活动，能帮助学生顺利通过幼儿园教师资格证考试面试。

4. 体例创新，版式美观

在体例编排上，教材打破以往教材的传统编排方式，设置有“学习起航”“开阔视野”“乐学善思”等栏目，形式灵活多样，设计丰富美观。

5. 配套资源丰富

本教材配套有课件、教案、案例等内容，呈现形式多样、紧密服务教学的资源，相关资源可在“优师优库”小程序查看。数字化教学资源凸显了现代学习方式的互动性、移动性、随时性，以不断丰富教师的教学手段、提高学生的学习效率。

由于编者水平有限，书中难免有不到之处，恳请各位专家和读者批评、指正，以督促本教材不断修订完善。

编　者

2022 年 8 月

《幼儿园教育指导纲要（试行）》全文

《3—6 岁儿童学习与发展指南》全文

《幼儿园教师专业标准（试行）》全文

目　录

项目一　幼儿教师礼仪概述

学习起航

礼仪之邦

中华文明上下五千年，中国素有“礼仪之邦”的美誉。礼仪是人们在长期共同生活和交往中逐渐形成，并以风俗、习惯和传统等形式固定下来的道德行为规范。在社会生活中，人们往往把礼仪作为衡量一个国家和民族文明程度高低的重要标志。就个人而言，礼仪则是衡量道德水准高低和有无教养的尺度。作为高层次教育人才的教师，更不能例外。在学生心目中，教师就是社会的规范和道德的化身、人类的楷模、文明礼仪的化身、父母的替身。教师优雅的举止、渊博的知识，无形中都会成为学生效仿的榜样。所以，教师的礼仪素养如何，不仅会影响其教育教学效果，而且会影响整个社会中人类文明传播的效果。

学习目标

知识目标：

1. 了解礼仪的起源、发展及礼的本质内容。
2. 了解礼仪实施的原则和学习礼仪的意义。
3. 理解幼儿教师礼仪的内涵，了解幼儿教师礼仪的特点及幼儿教师学习礼仪的意义。

能力目标：

1. 能用自己的语言介绍中国礼仪的发展史。
2. 能结合实际生活案例，认识礼仪的重要性。
3. 能够通过案例分析，理解幼儿教师礼仪对职业素养的重要意义。

素质目标：

1. 能够在实际生活中树立并实践文明的礼仪价值观。
2. 树立良好师德师风形象，传承和弘扬中华民族传统美德。

任务一　礼　仪

任务目标

1. 通过对礼仪起源与发展的学习，进一步了解中国礼仪文化的历史。

2. 通过对礼的本质和礼仪原则的学习，掌握礼仪作为行为规范的行为准则，了解学习礼仪的重要意义。

任务阐述

本任务共有三个板块内容，其中我国礼仪的发展史是学习的重点，课前学生可以通过自主查阅资料、与同学分享交流等方式深入了解我国每个阶段社会发展的历史及对礼仪文化的影响，以便更好地理解实施礼仪的原则和学习礼仪的意义，用正确的礼仪行为准则来约束自己，提高个人素养。

新知学习

一、礼仪概述

（一）礼仪的起源

自原始社会时期，礼仪之根就已经开始萌芽，但当时的礼仪主要是一些礼节。最早的礼节起源于祭祀。《说文解字》说：“礼者，履也，所以事神致福也，从示为豐。”“示”是意符，说明“礼”与祭祀有关，“豐”是盛食物的器皿。古代祭祀主要分为两种：一是祭祀自然神，二是祭祀祖先。远古时期，人们认识水平低下，对一些自然现象无法解释，如雷、电、雨、雪等，进而对此充满了恐惧、敬畏，认为这些自然现象来自神灵，所以对自然神灵顶礼膜拜，希望它们赐福消灾，这就是祭祀自然神。同时，人类对自身的生老病死等现象也是难以理解的，并认为人死后灵魂不灭，灵魂既能保佑生者，也能给生者带来灾难。如何让祖先的神灵给自己带来幸福，就是要祭祀祖先。这种祭祀活动可以看作礼仪的萌芽。

同时，随着家庭的形成，父母要抚养、关爱幼小的、尚不能独立生活的子女；子女长大成人后，则要赡养年老的父母；兄弟姐妹之间也要互相关爱。早在尧舜时期，五礼已形成，即父义、母慈、兄友、弟恭、子孝，这对家庭成员之间的关系做出了明确的规定。这时，礼仪把家庭成员的言谈举止规范化了。

在社会活动中，人与人之间也渐渐形成了最初级、最原始的礼仪。在狩猎、耕种和部落之间的争斗中，同群体中的人通过眼神、点头、拉手来示意彼此如何配合。日常生活中，人们不自觉地用击掌、拥抱、拍手来表达欢快的感情，用手舞足蹈来表示狩猎获得食物的喜悦，人们之间这种相互的呼应、关照，逐渐形成了一种习俗，这便是最初待人接物的礼节，现在的握手礼就是始于原始社会。礼仪成为当时人们交往沟通的一种“语言”。

原始社会后期，随着社会的发展，人们在生产和生活中的分工越来越细，产生了发号施令的领导者和服从安排的被领导者。为了维护领导者的地位，体现领导者和被领导者的等级差别，出现了尊卑有序、男女有别的现象。如左尊右卑，在重大场合中，习惯以主人或东道主的左方位为尊位，其右侧为卑位。此时，礼仪又成了维系等级差别的需要，成为领导者维持自己领导地位的工具。

所以，礼仪在其萌芽时期主要是用于祭祀、规范家庭成员的言行举止、人际交往中待人接物以及维护领导者的统治地位。

（二）礼仪的发展

每当中国进入一次大变革、大发展的历史时期，礼仪这一时代的产物也随着时代的变迁不断演变、充实、更新，漫长的礼仪文化发展史可以分为礼仪的孕育时期、礼仪的形成时期、礼仪的变革时期、礼仪的强化时期及现代礼仪时期。

1. 礼仪的孕育时期：夏朝以前

礼仪起源于原始社会。在原始社会中晚期（约旧石器时代）出现了早期礼仪萌芽。如母系社会中对女性的尊敬和热爱，制定了明确血缘关系的婚嫁礼仪；制定区别部族内部尊卑等级的礼制；为祭天敬神而确定一些祭典礼仪；制定一些在人们的相互交往中表示礼节和恭敬的动作。

2. 礼仪的形成时期：夏、商、周三代

这个时期是中国古代社会由混沌走向有序的重要时期，古代君主和先贤们从战乱中看到了战争给人们带来的灾难，以周文王为代表的周朝从“牧野之战”中，看到了以人性为本的重要，倡导“德行天下”的理念。在这个阶段中，中国第一次形成了比较完整的礼仪规范和行为标准。古代的礼制典籍亦多撰修于这一时期，如周代的《周礼》《仪礼》《礼记》就是我国最早的礼仪学专著。在汉代以后两千多年的历史中，它们一直是国家制定礼仪的经典著作，被称为礼经。

商朝时期，商王特别迷信鬼神，迷信天命，而且很残暴。在他所统治的时期，商朝有两个最残暴的现象，叫作“人殉”和“人祭”。“人殉”就是拿活人去殉葬，一个商王死了，要拿几百人去殉葬。“人祭”就是拿活人做祭品，商王祭祀用的供品，不仅用牛羊，还用活人，十分野蛮和残忍。因此，商朝统治者很不得人心。到了商纣王的时候，民众的不满已经到了极点。

那时，有个国家叫作周。它不过是一个小国，其国力跟商无法相比，但是，周文王善于用“德”来感动人心，所以许许多多的小国都归附它，并渴望随周文王与商王做最后的决战。那次决战叫“牧野之战”，商王调集了 70 万人上阵，结果士兵们阵前倒戈，一个强大的商王朝就这样灰飞烟灭了。

这件事让武王和周公感到非常震惊，晚上两个人都睡不着，就一起讨论这件事，研究怎

样才能避免重蹈覆辙，使国家长治久安。最终，他们得出一个结论，民众的力量是伟大的，以后不能再信鬼神，而要重视民众。周公在《酒诰》中引用先人的话“人无于水鉴，当于民鉴”，意思是不要把水当成镜子，应该以民为鉴，要把老百姓的反应当作检验自己为政得失的一面镜子。这种民本主义思想的转变，促进了后来的“民为贵，社稷次之，君为轻”（孟子）理念的发展，为中国的礼仪奠定了基础。

3. 礼仪的变革时期

这一时期，学术界形成了百家争鸣的局面，以孔子、孟子、荀子为代表的诸子百家对礼仪进行了研究、实践和发展，对礼仪的起源、本质和功能进行了系统阐述，第一次在理论上全面而深刻地论述了社会等级秩序划分及其意义。

孔子非常重视礼仪，把“礼”看成是治国、安邦、平定天下的基础。他认为“不学礼，无以立”“质胜文则野，文胜质则史。文质彬彬，然后君子”。他要求人们用礼的规范来约束自己的行为，要做到“非礼勿视、非礼勿听、非礼勿言、非礼勿动”。他也倡导“仁者爱人”，强调人与人之间要有同情心，要相互关心，彼此尊重。

孟子把礼解释为对尊长和宾客严肃而有礼貌，即“恭敬之心，礼也”，并把“礼”看作人善性的发端之一。

荀子把“礼”作为人生哲学思想的核心，把“礼”看作是做人的根本目的和最高理想。“礼者，人道之极也”。他认为“礼”既是目标、理想，又是行为过程。“人无礼则不生，事无礼则不成，国无礼则不宁。”

管仲认为“礼”关系到国家的生死存亡，把“礼”看作是人生的指导思想和维持国家的第一支柱。

4. 礼仪的强化时期：秦汉到清末

在我国长达两千多年的封建社会里，尽管在不同的朝代，礼仪文化具有不同的社会政治、经济、文化特征，但却有一个共同的特点，就是礼一直为政服务、为民间所重视。在为政方面，礼成了封建王朝维护封建社会等级秩序的工具。这一时期，礼仪的重要特点是“四尊四抑”，即“尊君抑臣、尊夫抑妇、尊父抑子、尊神抑人”。在漫长的历史演变过程中，它逐渐成为妨碍人类自由发展、阻挠人类平等交往、窒息思想自由的精神枷锁。

纵观封建社会的礼仪，内容大致有国家政治礼制和家庭伦理两类。这一时期的礼仪构成了中华传统礼仪的主体。

5. 现代礼仪的发展

1911 年，我国发生了辛亥革命，从此，西方资产阶级“自由、平等、民主、博爱”的思想被引进中国，中国传统的礼仪规范、制度受到了强烈冲击。五四新文化运动对腐朽、落后的礼教进行了清算，符合时代要求的礼仪被继承、完善、流传，那些繁文缛节逐渐被抛弃。同时，当时接受了国际上通用的礼仪形式。新的礼仪标准、价值观念得到了推广和传播。新中国成立后，逐渐确立了以平等相处、友好往来、相互帮助、团结友爱为主要原则的，具有中国特色的新型社会关系和人际关系。改革开放以来，我国与世界的交往日趋频繁，西方一些先进的礼仪、礼节迅速传入我国，同我国的传统礼仪一道融入社会生活的各个方面，构成了社会主义礼仪的基本框架。许多礼仪从内容到形式都在不断变更，现代礼仪的发展进入了全新发展时期。3000余种礼仪书籍相继出版，各行各业的礼仪规范纷纷出台，礼仪讲座、礼仪培训如火如荼。人们学习礼仪知识的热情高涨，讲文明讲礼貌蔚然成风。可以预见，随着社会的进步、科技的发展和国际交往的增多，礼仪必将更加完善和发展。

二、礼的本质

礼本质上属于道德体系中社会公德的内容，是人们长期共同生活和相互交往中逐渐形成的，并以风俗、习惯和传统等形式固定下来。无论是古代还是现代，礼的本质都是尊重。礼仪作为社会交往的规范，既为人们所认同，又为人们所共同遵守，是在建立和谐关系的基础上，各种符合客观要求的行为准则和规范的总和，具体表现在礼貌、礼节、仪表、仪式等方面。

礼貌：指人们在交往过程中相互表示尊敬、重视和友好的言谈举止。比如，我们经常会用“这个孩子真有礼貌”来表扬一个孩子主动与客人打招呼的举动。礼貌是以尊重他人、不侵害他人、不侵害他人利益为前提的，是表达人与人之间和谐相处的意念和行为。例如，尊老爱幼、尊师重教、乐于助人等。

礼节：指人们在日常生活中，特别是在交际场合中，相互表示问候、致意、祝愿、慰问以及给予必要的协助与照料的惯用形式。例如，拜会、握手、馈赠等。

仪表：指人的外表、穿着，它主要指美的外在形象，引申为人的精神状态。例如，容貌、服饰、表情、姿态、风度等。

仪式：指在一定场合举行的，具有专门程序和形式的社会活动。例如，升旗仪式、开学典礼、毕业典礼、奠基仪式等。

所以，“礼”是内在的，是人们对自己、对他人尊重、敬意的态度，而“仪”是外在的，是人们通过一定的动作、形式等表现出来的“礼”。“礼”是一种观念、一种意识、一种态度，而“仪”是外在的表现形式。“礼”字解决了，“仪”字迎刃而解；“礼”字不解决，即便懂得了一些形式上的东西，也难以将之落实在行动上而形成习惯，所谓“态度决定一切”“心有敬而形于外”就是这个道理。

★ 传统文化知多少

人无礼不生，事无礼不成，国无礼不宁。　——荀况

国尚礼则国昌，家尚礼则家大，身有礼则身修，心有礼则心泰。　——颜元

为人子，方少时，亲师友，习礼仪。　——《三字经》

恭而无礼则劳，慎而无礼则葸，勇而无礼则乱，直而无礼则绞。　——孔子

将不可骄，骄则失礼；失礼则人离，人离则众叛。　——诸葛亮

三、礼仪的原则和意义

（一）礼仪的原则

“礼”是约定俗成的行为规范，作为规范，便应有标准与尺度作为衡量的准则。纵观各类礼仪规范与行为准则，现代礼仪主要强调以下原则：

1. 尊重原则

礼仪的核心是“敬”，正如孟子所言：“尊敬之心，礼也。”敬，即“尊敬”“敬重”。古人云：“敬人者，人恒敬之。”懂得尊敬，是一个人的教养，尊敬他人，同时也是尊敬了自己。尊重是礼仪的情感基础，人际交往活动中，只有相互尊重，人与人之间的关系才会融洽，才能营造和保持和谐愉快的人际关系。

尊重的原则要求人们在社交活动中，与交往对象要相互尊敬、相互谦让、和睦相处。“尊重”二字，在实际生活中体现在：尊重上级，是一个人的天职；尊重下属，是一个人的美德；尊重客户，是一种常识；尊重所有的人，是一个人的教养。人际交往中，不管年龄大小、职务高低都应当受到尊重。对待他人要有敬重的态度，不可失敬于人，不可伤害他人的尊严，更不可侮辱他人的人格。所以，人与人之间相互尊重是人际关系中讲究礼仪的基本出发点。尊重原则是礼仪最核心的原则。

2. 适度原则

适度原则即在社会交往中把握分寸，掌握技巧，合乎规范，适度得体。这也就是说，既不冷漠拘谨，也不敷衍浮夸；既不傲慢无礼，也不粗俗轻浮。礼仪是一种程序规定，程序自身就是一种“度”。在人际交往中要注意掌握好不同情况下的社交准则，把握好与特定环境相适应的人们彼此间的感情尺度。

3. 自律原则

自律原则是礼仪的基础和出发点，学习、应用礼仪，最重要的就是“从自我做起”，按照礼仪规范严格要求自己，知道自己该做什么，不该做什么。

每个人都是礼仪行为的实施者。礼仪规范不是只用来约束他人，更重要的是用来修正自己。因此，在学习、应用礼仪中，最重要的是要自我要求、自我约束、自我检视、从我做起，要加强自身修养，完善个人的人格。古人常将“慎独”二字挂在书房，时时提醒自己要“谨小慎微”。其实，不断地自律就逐渐形成了习惯，“习惯成自然”就是这个道理。养成了良好的习惯，消除了自我约束的感觉，自律也会成为自觉。

（二）学习礼仪的意义

1. 学习礼仪是提升个人修养的需要

礼仪是人的文化修养、道德品质、精神气质和思想境界等内在的要求，又是谦恭的态度、文明礼貌的语言、优雅得体的举止等外在的表现。人没有内在的修养，外在的形式就失去了根基。荀子说："故礼者，养也。"他强调了礼仪是每个人都必须具备的为人处世的基本素养。

首先，礼仪是区别人与动物的一个标志。《诗经》中说："相鼠有皮，人而无仪；人而无仪，不死何为？"意思是看那老鼠有皮，而有的人不知礼仪；人不知礼仪，为什么还活着不死呢？孟子也说："饱食、暖衣、逸居而无教，则近于禽兽。"意思是吃得饱、穿得暖、住得安逸却没有教养的人，和禽兽差不多。可以说礼仪是区别人与动物的一个重要标志。

其次，礼仪能提升个人修养。如果人们都能够按照礼仪做事，那么，他们就会潜移默化地提升自己的人格而成为一个文明的人。《礼记》中说："富贵而知好礼，则不骄不淫。贫贱而知好礼，则志不慑。"因为好礼，富贵的人就会约束自己，贫贱的人就会保持节操，外来的东西就不能左右其心志。所以人无论富贵贫贱，只要"好礼"，就有修养。

2. 学习礼仪是促进社会和谐发展的需要

礼仪能促进社会和谐发展。管子说："礼、义、廉、耻，国之四维，四维不张，国乃灭亡。"意思是礼、义、廉、耻是维持国家的四个基本要素，如果这四个要素不能贯彻执行，那么国家很容易灭亡。这里把礼仪列为立国要素之首，说明礼仪在国家建设和社会发展中的重要地位和作用。一个国家如果没有完备的礼仪规范，人们就不能自觉地遵守。礼仪规范是衡量社会秩序状况的一个重要尺度。《礼记》中说："分争辩讼，非礼不决。"意思是理有曲直，事有是非，明决是非曲直，不依礼仪就不行。这表明礼仪在社会发展中的重要作用。

现代社会中，有教养的人在事业、生活中表现出良好的礼仪，受到了人们的欢迎。古语说："船多江不碍，礼多人不怪。"意思是生活中注重礼仪，即使礼仪有点多，别人也不会责怪你。在实现现代化的过程中，我们应始终把推进现代化建设与弘扬本民族优秀传统文化有机结合，在推动经济飞速发展的同时，为传统文化注入新鲜血液，使传统文化焕发出新的活力，使其成为社会稳定与经济发展的精神动力。

3. 学习礼仪是实现对外开放、适应市场经济发展的需要

对外开放的国策打破了长期封闭的环境，人们深刻地意识到坐井观天已难以适应形势，唯有从井底跳出，走出国门，走向世界，才是现代人应有的意识。要从狭小封闭的环境中走出来，除了应具备一些必备的专业技能外，还必须了解与人相处的法则和规范，这些规范就是社交礼仪。礼仪的学习能够帮助我们顺利地走向社会，走向世界，能够更好地树立自身的形象，在与人交往中留下彬彬有礼、温文尔雅的美好印象。

4. 学习礼仪是适应现代信息社会的需要

现代信息社会飞速发展的传播沟通技术和手段日益改变着人们传统的交往观念和交往行为。尤其是人们交往的范围已逐渐从人际沟通扩展为大范围的公众沟通，从面对面的近距离沟通发展到了不见面的线上沟通，从慢节奏、低频率的沟通转变为快节奏、高频率的沟通。如何在这种新型沟通的条件下，实现有礼有节的交往，实现创造"人和"的境界，这是学习礼仪的另一意义。

开阔视野

中西方礼仪文化的差异

礼仪是与本土思想文化相对应的。在中西两个不同的思想文化体系中，礼仪文化呈现出各自不同的特色。

1. 中国礼文化强调"贬己尊人"，而西方礼文化强调得体

中国礼文化植根于儒家"礼"传统，要求人们在待人接物时自贬、自谦，同时要尊重他人，即尽量减少对自己的表扬，贬低自己，抬高他人。

西方人强调个体和个人价值，在交际中注重平等和得体。因此，在礼文化中没有贬己尊人的现象。西方著名礼仪专家伊丽莎白·波斯特在畅销礼仪著作《西方礼仪集萃》中指出："礼仪，作为一种被期待的正确举止，其根本是体谅他人。表面上礼仪有无数的清规戒律，但其根本目的在于使世界成为一个充满生活乐趣的地方，使人变得和易近人。"因此，在西方文化中，欣然接受对方赞扬是礼貌的，在听到对方赞美之词时，西方人往往采取一种迎合的态度，表现出高兴与感谢，这样可以避免伤对方面子，以取得对方好感。而对于中国人来说，这是不谦逊的表现，在心理上是很难接受的。

2. 中国礼文化提倡尊卑位序，西方礼文化提倡自由平等

在中国古代，礼是用以区别尊卑位序的准则。《礼记》说："礼为大，非礼无以节事天地之神明也，非礼无以辨君臣上下长幼之位也，非礼无以别男女父子兄弟之亲、婚姻疏数之交也。"这里强调的就是以"礼"明确人们的身份地位，教导人们要尊敬长者和位尊者，懂得礼让，维护上下尊卑的社会秩序。中国现代社会的礼貌行为仍留有古代礼制的烙印。比如，见面打招呼时的称呼语中经常用"老"字，见了老人称"老先生""老师傅"，对德高望重者称"某老"以示恭敬；在单位称呼同事时，对年龄大的称呼"'老'+姓"，对年龄小、资历浅的称呼"'小'+姓"，以表示人与人之间年龄和资历上的差异；用"主任、经理、处长、局长"等表示职务的词以明确人与人之间职务和地位上的差异；另外，在交往方式上，晚辈及下级通常是尊重长辈和上级的意见，不直接发表个人看法，避免冲突和驳斥对方面子，以免有不尊之嫌。

在西方，早在文艺复兴时期，人文主义者就提出"人权"思想，赞扬人的价值，提倡人的尊严，并且提倡个性自由发展。如今，自由平等观念已深入人心，人们对尊卑界限并无明显区分。因此，西方在称谓方面的规则简单明确。常用的称谓是"Mr."（先生）、"Mrs."（太太，夫人）、"Miss"（小姐），表示职业和职务的词却很少用来做称谓。另外，在交往方式上，每个人无论地位尊卑、年龄大小，自由发表个人见解，均不会被视为不敬。例如，在课堂上，学生可以随时打断老师讲话，提出问题或提出相异的看法，但这在中国却是不讲礼仪的做法，甚至是令人无法接受的。

3. 中国礼文化注重集体主义观念，西方人注重个人主义观念

中国在长达两千多年的封建社会中，一直实行封建家长制，个人依附于家族而存在，任何行为都要以家族利益为重，这种强烈的宗族观念实际是中国人现在所崇尚的集体主义观念的雏形。在这种观念影响下，中国人重视个体与团体的关系，在交际时喜欢问人私事，或毫无保留地披露自己的私事。因为按照中国的礼貌传统，了解私事是接近对方的友好表示，是接近周围团体，营造和谐人际关系的行为。例如，在汉语的称呼语中经常使用“姓+‘姐’”或“姓+‘哥’”来称呼同事，用“叔叔”“阿姨”“大爷”“大娘”等亲属称谓来称呼熟人；在问候语中常常使用一个涉及个人私事的问题（“吃了吗？”“您到哪里去？”“家里来人了？”）。这些交际语在西方人看来是涉及隐私的话题，而在中国人的眼中，则是和谐人际关系的体现。

西方人文化价值观以个人主义为核心，在交际中注重个人自由和独立。

4. 中国礼仪倾向于世俗化，西方礼仪呈现出浓厚的宗教色彩

历经两千多年的封建专制统治，皇权胜于神权，没有一种宗教占统治地位，因此，中国礼仪没有宗教色彩。

西方礼仪具有浓厚的宗教色彩。首先，西方宗教节日趋向于大众化，圣诞节、复活节、万圣节和感恩节等节日都与宗教主题有关；其次，宗教禁忌趋向于社会化，现在西方人已普遍将“十三”和“星期五”视为日常生活中的禁忌；最后，宗教礼仪趋向于世俗化，宗教礼仪原来是因为宗教崇拜而产生的仪式和活动，现在却普遍成为人们各种欢庆活动和典礼所遵循的形式。比如，西方的结婚典礼一般要在教堂举行，婚礼由牧师主持，并念圣经经文祝愿新婚者幸福美满。这种仪式已远远超越了其宗教意义，成为人们祈求幸福的一种形式，成为一种大众化的活动。

乐学善思

请结合实际生活，想一想发生在自己身上的关于礼仪的小故事，并在小组内进行交流。

任务二　幼儿教师礼仪

任务目标

1. 通过对幼儿教师礼仪内涵的学习，了解幼儿教师礼仪的具体内容。
2. 通过对幼儿教师礼仪的特点及作用的学习，认识礼仪对于幼儿教师职业的重要性。

任务阐述

幼儿教师不仅是知识的传播者，也是幼儿道德品质的教育者，还是幼儿行为的示范者。良好的礼仪修养是幼儿教师最基本的职业素养。本任务中关于幼儿教师礼仪特点的内容是学习的重点，学生在学习过程中要清晰地理解每个特点的具体内容，体会其中的含义，并融入日常生活中进行正确运用。

新知学习

自我展示的明信片

某幼儿园要招聘一名幼儿教师。职业学校的校长和班主任向园长推荐了学习成绩最好的M同学、围棋最好的L同学、舞蹈最好的H同学，还有美术最好的G同学，可园长一个也没看上，而是录用了相貌平平、平日里默默无闻的小W。校长和班主任都感到奇怪。园长解释说："W同学神态自然，服装稳重正式、整洁得体；进门时在门口蹭掉脚下带的泥土，进门后随手轻轻地关上门；进了办公室，用甜美的声音、迷人的微笑向我问好；其他人都对我故意放在地上的铅笔视而不见，唯有她很自然地俯身捡起来并双手递给我；她回答问题时话语简洁明了，轻柔中充满自信。"

幼儿教师不仅是学科知识的传播者，还是幼儿美好心灵的塑造者。俗话说："少成若天性，习惯成自然。"要让幼儿成为一个讲文明、懂礼貌，拥有健全的人格和自信的人，早期的引导和教育尤为重要。

一、幼儿教师礼仪的内涵

学前期幼儿可塑性极强，喜欢模仿成年人的行为，能够敏锐地接收外界的各种信息，是了解社会、学习各种行为规则的理想时期，更是礼仪等良好行为习惯养成的最佳时期。幼儿教师是孩子接受集体教育的启蒙之师。教师的言谈举止、音容笑貌都是孩子模仿的榜样，只有礼仪之师才能造就礼仪孩童。

幼儿教师礼仪是指教师在教育教学过程中表现出来的仪容仪表、言谈举止等方面的行为规范，是幼儿教师在工作岗位上待人接物、为人处世的行为规范，是幼儿教师的师德修养、文化素质、风度气质、行为操守的外在表现。

二、幼儿教师礼仪的特点

不同行业都有各自的行业规范，相应的职业礼仪也有不同特点。幼儿教师职业礼仪的特点可以归纳为敬、静、净、雅。

（一）敬

敬，是礼的纲领，是人际交往获得成功的重要保障。作为幼儿教师，要常怀"敬"心，时时处处不可失敬于人，不能伤害他人尊严，更不能侮辱他人人格。

1. 敬事业

幼儿教育是国民教育的重要组成部分，是终身教育的开端，是教育之基础。只有有了这样的认识，幼儿教师才会产生高度的责任感，才会增强对幼儿教育事业的情感，对工作才会倾注满腔的爱和热忱。

2. 敬幼儿

敬幼儿就是要求教师尊重幼儿的个性，呵护幼儿的自尊，善待幼儿的错误。幼儿虽然年龄小，但也是有自尊心的，而且他们的自尊心更脆弱，更需要呵护。特别是面对调皮的幼儿时，如果不尊重他们的个性，不去分析问题产生的原因，不寻求恰当的教育方法进行因材施教，而是一味地批评，甚至是体罚，就会伤害幼儿的自尊。一旦幼儿自尊心受到伤害，往往也会对其心理造成伤害。因此，教师要真正理解与体会“尊重”二字的深刻含义，就必须站在幼儿的角度思考问题，建立民主和谐的师幼关系，实现师幼在人格上的平等，这样才能真正做到“敬幼儿”。教师蹲下来和幼儿说话，放下教师权威的架子，给予幼儿爱、自由、平等，就是敬幼儿的一种行为表现。

一名优秀的幼儿教师，面对幼儿时要能笑脸相迎，要能时刻做出回应，要有鼓励的眼神，要能以爱相待。唯有如此，才能让幼儿在一种宽松、和谐、平等的环境中健康成长。

3. 敬家长

《幼儿园教育指导纲要（试行）》中指出：家庭是幼儿园重要的合作伙伴。幼儿园不能关起门来办教育，只有教师和家长联起手来，才能形成教育合力，否则可能两相抵消，产生“$1+1 \leqslant 0$”的效果。幼儿教师应本着尊重、平等、合作的原则，争取家长的理解、支持和合作参与，并对家长在科学育儿方面进行指导，保证交流渠道的通畅。

4. 敬同事

幼儿教师对领导要敬重，服从而不盲从，尊重而不奉承，自觉接受领导的安排，树立领导的威信；对同事要敬重，要正确处理与同事间的关系，互尊互学，互帮互助，取人之长，补己之短。老教师教育教学经验丰富，但有时缺乏开拓精神；年轻教师思想敏锐，有朝气，富有创新精神，但缺乏教学经验，需要指导和锤炼。所以，年轻教师应主动、虚心地向老教师请教，学习他们多年的经验，使自己不断地成熟起来；老教师应该满腔热情地爱护和关心年轻教师的成长，学习他们的求知创新精神，使自己的心态永葆青春。

（二）静

一个知礼、行礼之人，身上必有“静气”，要神清气定、沉静从容。

幼儿教师要静气处事。当幼儿不配合或不听话时，教师要晓之以理、动之以情，不能粗口相向或大声威吓，更不能发怒生气，应该冷静下来以后再处理问题，这样才能考虑得周全，才能既把问题处理好又不伤害幼儿的自尊，才能和幼儿建立良好的师幼关系。

幼儿教师要静心学习。学无止境，活到老，学到老。世界在变化，知识在更新，新的教育理论、教育内容、教育方法不断产生，幼儿教师不能只满足于自己已有的专业知识，而应静下心来，终身学习，多看各类有益于自己职业发展的书籍，这是修身、明礼、治教的一个重要途径。

幼儿教师要静心修为。在当今社会，部分人对物质、对金钱的膜拜在一定程度上冲击着当前的教育。教师肩负着培养社会、民族的未来人才的重任，只有耐得住寂寞、耐得住清苦、守得住信仰，才能把这份职业做成事业。

（三）净

净，指仪容仪表整洁干净，服装得体洁净。

清洁卫生是仪容美的关键，是礼仪的基本要求。一个人不管长相有多好、服装有多华贵，若是身有异味、衣衫不整，必然会破坏美感。所以每个人都要养成良好的卫生习惯，做到勤洗澡、勤洗手，经常换衣服，以保持面容洁净、服装干净。另外，不能在人前“打扫个人卫生”，如剔牙、修指甲等，否则，不仅不雅观，也显得不尊重他人。

整洁卫生是对幼儿教师最基本的礼仪要求。教育家马卡连柯说：“教师必须衣服整洁，头发和胡须都要弄得像样，鞋袜洁净，双手清洁，修好指甲和经常备有手帕”，他甚至认为“从口袋里掏出揉皱了的脏手帕的教师，已经失去了当教师的资格”。如果幼儿教师不注意个人卫生，不但不能给幼儿树立好榜样、不能教育幼儿养成良好的卫生习惯，还容易将细菌传染给抵抗力弱的幼儿，导致幼儿生病，对幼儿身体健康产生危害。

（四）雅

1. 仪态举止优雅

幼儿教师的仪态举止包括坐、立、行、蹲等姿势，以及表情、动作、行为习惯等，是教师与幼儿交往中的“人体信号”。

教师在与幼儿相处过程中的任何姿势和动作都是幼儿模仿的对象，因此，教师的举止应该是稳重得体、落落大方的，要能表现出文明礼貌的要求，给幼儿以美的感受。幼儿教师举止文明总的要求是：站姿稳定，坐姿庄重，走姿自然，神态谦和。

2. 谈吐文雅

幼儿教师说话时，要使用标准的普通话和规范的语言，谈吐要符合幼儿心智发展规律，贴近幼儿心智发展水平，形象地向幼儿传授知识，化抽象为具体，化深奥为浅显，激发幼儿的学习兴趣，提高幼儿的审美能力，陶冶幼儿的情操。

幼儿教师要带头使用礼貌用语，如“您好”“请”“谢谢”“对不起”“再见”等，营造和谐的师幼关系，为幼儿树立礼仪榜样。

3. 服装典雅

幼儿教师的服装要得体、大方，符合职业角色。要根据幼儿天真烂漫、喜欢鲜艳色彩的特点，选择明快、温暖的颜色，如绿、柠檬黄、天蓝、粉红等，以增加幼儿对教师的喜爱，让幼儿感觉到教师的可亲、可敬、可爱。教师切忌不修边幅，给人以邋遢的感觉。

4. 风度儒雅

风度是一个人特有的待人接物的行为方式，是内在美的自然流露。对幼儿教师而言，儒雅的风度应该是不卑不亢、落落大方、语言文明、举止得体、亲切慈爱、面和气祥。儒雅的风度通过人的语言、举止、服饰、态度等表现出来，但良好的文化修养、渊博的学识、精辟独到的思辨能力才是其内在的基础要素。

5. 气质高雅

气质是指一个人内在涵养或修养的外在体现，不是表面功夫。如果胸无点墨，即便服饰再华丽，也毫无气质可言，只会给别人肤浅的感觉。因此，用培养气质来使自己变优秀，比用服装和打扮来美化自己的精神境界更高一层。

"腹有诗书气自华"，幼儿教师只有不断学习，加强自己的文化修养、行为修养、言谈修养、道德修养，才能成为有气质、有风度、有魅力的人，成为受幼儿尊敬、受幼儿爱戴的优秀教师。

★ 传统文化知多少

儒家"五常"

五常指"仁、义、礼、智、信"的五常之道，"五常"是做人的基本道德准则，此为伦理原则，用以处理作为个体存在的人与人之间的关系，组建社会。依五常之伦理原则处之，则能直接沟通；通则去其间隔，相互感应和洽。所以，五常之道实际上是一切社会成员间理性的沟通原则、感通原则、谐和原则。

"五常"也是中华民族传统美德的重要内容。

仁：仁者，人人心德也。心德就是良心，良心即是天理，乃推己及人意也。所以"仁"字，从二人相处，因为人不能离群而独存，别人之观念立，人之人格显，方能雍容和谐，以立己立人，发挥老吾老幼吾幼之怀抱，以及己所不欲，勿施于人，事物为人，而不为己，发为恻隐之心，宽裕温柔，仁也。

义：义者，宜也，则因时制宜，因地制宜，因人制宜之意也。所当做就做，不该做就不做。见得思义，不因果滥取不义之财物。子曰："君子喻于义，小人喻于利，不义而富且贵，于我如浮云。"所以人发为羞恶之心，发为刚义之气，义也。

礼：礼者。《说文》：礼，履也，所以事神致福也。《释名》：礼，体也，得其事证也，人事之仪则也。进退周旋得其体，乃是正人身之法也。尊卑长幼有序，处事有规，淫乱不犯，不败人伦，以正为本，发为恭敬之心，斋庄中正之态，礼也。

智：智者，知也，无所不知也。明白是非、曲直、邪正、真妄，即人发为是非之心，文理密察，是为智也。

信：信者，信字从人言，言非曰，乃有定之文也，以今之概念定义可解为"学说""思想"。信与知对立，知宜者唯宜以行，不知宜者从他人言而信，进而守礼以近仁。因此言：

必信者无义。

仁爱之心、正义之责、礼仪之矩、智慧之能、诚信之守，这五者都是社会道德文明所需要的。

三、幼儿教师礼仪的作用

幼儿教师是幼教工作的主体。他们不仅是知识的传播者，也是幼儿道德品质的教育者。幼师的个人修养和礼仪文明，不仅对幼儿起着潜移默化的影响，还影响着整个社会文明礼仪传播的进程。

1. 塑造良好的职业形象

教师是学生的人生启蒙者，也是社会文明的传播者。教师形象的优劣影响着学生和社会对教师群体和教育行业的认同度，影响着全社会对礼仪文明的认知、践行与传承。作为一名优秀的教师，不仅能传道、授业、解惑，还要教学生如何做品德高尚的人。只有当教师把学生的尊重、关爱转化为点点滴滴的礼仪行为，表现在教学中、表现在与学生的交往过程中，教师才能在学生心目中树立良好的形象。

教师礼仪不是一般的礼貌，而是一种职业素养，一种道德境界。因此，每位教师应该怀着高度的事业心和强烈的社会责任感，自觉遵守教师礼仪，加强师德修养，培养高尚的文明行为，不断提升自身的礼仪素养，做到举止得体、文雅谦和、言而有理、行而有矩，这样才能符合职业需求，才能赢得学生和社会的尊敬与喜爱。

2. 道德示范的“标尺”

马卡连柯曾指出，教育者对被教育者的作用“首先是教师品格的熏陶、行为的教育，然后才是专门知识和技能的训练”。教师礼仪恰恰是教师把这种“品格熏陶”和“专门知识和技能的训练”有机地连接在一起的桥梁和纽带。0～6岁是人生的第一个成长阶段，是社会性发展的最佳时期，观察模仿是幼儿的一种主要学习方式，教师的言行往往在不知不觉中被幼儿观察、模仿。而且由于受认知发展水平的限制，幼儿的评价有依从性。幼儿在观察和模仿教师时常常产生一种“放大效应”，教师的一点善举会使他们产生无比的崇敬感，一点瑕疵会使他们感到巨大的失望，甚至影响其心理素质的养成。如果教师能够重视自己的礼仪行为，处处履行教师的职责，任何时候都能按照人际交往的规范和准则行事，就能在一言一行中为学生树立正确的榜样，学生也会在教师人格魅力的影响下，自然而然地“亲其师”而“信其道”。因此，教师的礼仪文明，对学生正确的人生观、价值观的树立，对学生健康的审美情趣、良好的人格品质的形成，都有着重要的示范与影响作用。

教师的礼仪行为还肩负着传承与弘扬中华民族传统美德的崇高使命。规范的教师礼仪不仅能使师德成为一种重要的教育力量和教育要素，也是师德师风的社会价值得以实现的一种基本途径。教师礼仪文明的示范作用，能够促进优秀的中华民族传统美德在青少年身上传承。

3. 师生之间沟通的"桥梁"

中国自古就信奉"师道尊严"，这固然存在着还不能全盘否定的积极因素，但它使得师生之间等级森严，教师可以随便训斥学生，学生在老师面前噤若寒蝉，这也忽略了人与人之间最起码的平等，更谈不上互相促进。教学相长，而师生关系直接影响教学效果。教师亲切的微笑、高尚的情操、平易近人的性格和平等看待学生的眼光，对学生而言非常重要。在此情况下，学生的敬畏心理也会被信任感和亲切感所替代。如果学生喜欢老师，那么在教学过程中就会积极配合老师，也会对他所授予的课程产生好感，增加学习的兴趣，从而能取得较好的学习效果。教师首先要对学生进行品格的熏陶和行为的教育，然后，才是专业知识的讲授和技能的训练，礼仪就是将这两者连接在一起，接受教师所倡导的价值观念、道德标准，进而将其转化成自己成长、发展需要的内在信念和品格意志，并用以指导自己的行为。

因此，一名合格的教师，不仅要有高尚的品德修养、广博的知识经验、现代化的教育能力和健康的身心，还要具备全面的礼仪修养，做到既"知书"又"达礼"，成为内外兼修的新时代教育工作者。

4. 协调人际关系

教师的职业特点，决定了教师的职业活动总是在与人交往的过程中完成的。人际关系中的沟通与协调能力，对教师的职业活动，尤其是教育教学活动的成效有着重要的意义。人际关系反映了个人或群体寻求并实现自己的社会存在感、认同感和价值感的心理需求，因此，人际关系的变化发展取决于交际双方心理需要的满足程度。礼仪的一项重要功能就是对人际关系的调节作用。教师在与学生、同事、家长等交际对象的交往中，自觉主动地用礼仪来规范自己的言行，树立自己的良好形象，除了可以使自己在职业活动中充满自信、处变不惊外，还能够向交往对象表达自己平等、尊重的立场和友好和善的态度，有利于增进交际对象对自己的信任，从而使交际双方避免和消除误解与矛盾，有效沟通，促进交际双方思想与情感的传递与反馈，在和谐的人际关系中提高工作效率，顺利地完成工作。

开阔视野

三 A 原则

"三 A 原则"是美国学者布吉尼教授等人提出的，重在处理好人际关系，是向交往对象表达尊重和友善的途径。幼儿教师在实际工作中，应善于遵循"三 A 原则"，正确地向交往对象表达尊重和敬意，处理好各种人际关系。

1. 接受对方（Accept）

（1）在与他人交往时，如果不是原则问题，就要平等待人，宽以待人。

（2）不轻易对对方的言行进行是非判断，更不要寻衅滋事，寻找对方的缺点，而要主动地采取行动，努力去适应对方。

2. 重视对方（Appreciate）

（1）对于自己的任何交往对象，都要无一例外地用欣赏的眼光给予重视。

（2）高度关注，认真对待，主动照顾，使对方感受到我们的尊重和友好，并且切身体会到他们在我们心目中的重要位置。

3. 赞美对方（Admire）

（1）在人际交往中，善于发现交往对象的长处，并恰到好处且及时地给予肯定，表达钦佩或称赞。

（2）美国著名学者乔治·梅奥先生说："尊重别人就是尊重自己，发现别人的优点，实际上就等于肯定自我，那说明你宽容，说明你谦虚，说明你好学。"懂得欣赏别人长处的人，也就是在欣赏自己，展示宽以待人的美德；不懂得欣赏，不善于发现，甚至否定别人长处的人，往往是目中无人的人。

乐学善思

某幼儿园为增强幼儿教师的职业礼仪意识，专门组织了一场辩论会。正方观点："不学礼，无以立""人无礼则不立、事无礼则不成、国无礼则不宁"（荀子），所以要从小培养孩子养成良好的礼仪习惯。反方观点："幼儿年龄小，懂什么礼仪，教师想怎么做就怎么做，想怎么说就怎么说""幼儿教师就是看孩子，只要孩子不出意外就行，还教什么礼仪""孩子太小，没法教，等他长大了自己就明白什么是礼仪了"。

如果你是正方辩手，你的论据有哪些呢？请查阅资料并列出方案提交给老师。

任务三　实训活动——传统礼仪与现代幼儿教师礼仪的探讨

活动目标：

通过对传统礼仪与现代幼儿教师礼仪相同或不同之处的探讨，认识礼仪对提升幼儿教师职业素养的重要性，了解我国作为文明古国、礼仪之邦的源远流长的礼仪文化发展史。

活动准备：

学生需要提前收集相关资料，了解中国传统礼仪与现代幼儿教师礼仪的相关内容。

活动步骤：

1. 学生自主划分为四个学习小组，并以小组为单位进行资料收集整理，在下面方框中填写记录。

2. 学生自主讨论过程中，以组为单位发表每组观点。

本组观点（传统礼仪）：
本组观点（现代幼儿教师礼仪）：
讨论总结：

项目评价表

序号	评价内容	分值范围	评价依据	自主评分
1	对礼仪的发展过程及原则的掌握情况。	0～10分	将掌握情况及对内容的理解进行总结，并以电子文档或纸质作业形式提交给老师，再依据总结的内容情况评分。	
2	对幼儿教师礼仪的特点和礼仪作用的掌握情况。	0～10分		
3	任务一中乐学善思的完成情况。	0～15分	根据实践中的表达内容及完成情况评分。	
4	任务二中乐学善思的完成情况。	0～15分	根据提交的论据观点评分。	
5	任务三实训活动中对于资料的搜集情况。	0～20分	根据所搜集资料内容评分。	
6	是否作为组内代表进行发言？表现情况如何？	0～20分	根据组内交流情况评分，如未作为组内代表进行发言则不得分。	
7	在任务三探讨过程中的笔记记录情况。	0～10分	根据笔记内容评分。	
得分（总分100分）				

项目二　幼儿教师沟通概述

学习起航

沟通是人与人之间无形的桥梁

孔子带领弟子们周游列国，曾因兵荒马乱，旅途困顿，大家已七日没吃下一粒粮食，三餐只能以野菜果腹。一天，颜回好不容易要到了一些白米煮饭，饭快煮熟时，孔子看到颜回掀起锅盖，抓些白饭往嘴里塞，孔子当时装作没看见，也不去责问。饭煮好后，颜回请孔子进食，孔子假装若有所思地说："刚才梦到祖先来找我，我想把干净的还没人吃过的米饭，先拿来祭祖先！"

颜回顿时慌张着说："不可以，这锅饭我已先吃一口了，不可以祭祖先了。"孔子问："为什么？"颜回涨红了脸，嗫嗫地说："刚才在煮饭时，不小心掉了些灰在锅里。沾染灰的白饭丢了太可惜，只好抓起来先吃了，我不是故意把饭吃了。"孔子听了，恍然大悟。对自己的观察错误感到愧疚，抱歉地说："我平常对颜回已最信任，但仍然还会怀疑他，可见我们的内心是最难确定、稳定的。弟子们记下这件事，要了解一个人，还真是不容易啊！"

任何一种语言，除了具有表情达意的功能外，还可以起到消除误会、拉近距离、增进了解、沟通思想、互通有无、表达尊重的作用。美国成人教育家戴尔·卡耐基认为一个人的成功，只有 15% 归结于他的专业知识，还有 85% 归结于他表达思想、领导他人及唤起他人热情的能力。可见，在社会生活中，一个人如何运用语言与他人沟通尤为重要。

学习目标

知识目标：

1. 了解沟通的特点、形式及沟通的基本类型。
2. 掌握幼儿教师沟通的特点与沟通的基本原则。
3. 理解幼儿教师沟通的技巧和沟通的方式。

能力目标：

1. 掌握沟通的形式和基本内容。
2. 掌握并在实际沟通中合理运用幼儿教师沟通的原则。
3. 学会幼儿教师沟通的技巧并能在实践中运用。
4. 学会分析不同的沟通场合适合哪种沟通方式。

素质目标：

1. 树立正确的沟通观，提高职业修养。
2. 能运用不同的沟通方式因材施教解决不同的教育问题。

任务一　沟　通

任务目标

通过对沟通的特点、形式及基本类型的学习，详细了解沟通的基本内容，丰富自己日常生活的沟通方式。

任务阐述

本任务有三个板块内容，其中沟通的形式和基本类型是学习的重点。在学习过程中，学生需理论结合实践，思考自己日常沟通的方式，进行对应分析，并在日常沟通实施中合理运用，提高自己的沟通技巧。

新知学习

沟通是指交往双方在共同的活动中为了一个设定的目标彼此交流，把信息、观念、思想和情感向特定个人或群体传递，并且达成共识的过程。通过沟通，可以达到一定的交际目的，传递信息，赞赏、激励成员，分享情感，控制成员的行为，贯彻意志。

一、沟通的特点

1. 随时性

人们所做的每件事情都需要沟通。

2. 双向性

沟通过程中的双方既要收集信息，又要给予信息。

3. 情绪性

信息的收集会受到传递信息方式的影响。

4. 互赖性

沟通的结果是由双方决定的。

二、沟通的形式

（一）语言沟通

语言是人类特有的一种非常直接、有效的沟通方式。语言沟通包括口头语言、书面语言、图片。口头语言包括面对面的谈话、报告、演讲、谈判、电话联络、开会等，具有形式灵活生动、反馈迅速等特点。书面语言包括信函、广告、传真、通知、报告、文件、备忘录、会谈纪要、协议，甚至现在用得很多的 E-mail 等，这种形式具有权威性，能够保证信息沟通的准确性和保存的长期性等。图片则包括幻灯片、照片、电影等。

（二）非语言沟通

在人际沟通与交往中，人与人之间所传递与交流的信息只有很少一部分是以语言为传递媒介的，绝大部分信息是通过非语言媒介传递的。非语言沟通常借助人的动作、表情、眼神、体姿等肢体语言进行信息的交流。其实，在人际沟通中，人们往往将几种非语言行为组合起来，伴随着语言行为共同完成信息交流任务，以快速、有效地达到人际沟通的目的。

非语言行为在人际沟通中不但能起到支持、修饰或否定语言的作用，而且有时可以直接替代语言，甚至反映出语言难以表达的思想情感。语言与非语言相互配合，共同承担着信息传递和人际沟通的重要职责。因此，我们需要掌握一些非语言沟通的技巧。

1. 非语言沟通的方式

（1）人们可以借助面部表情、手部动作等身体姿态来传达诸如攻击、恐惧、腼腆、傲慢、愉快、愤怒、悲伤等情绪或意图。

（2）人们还可以利用空间位置关系影响彼此之间的沟通过程。

（3）人们还可以运用服饰传递信息。

2. 非语言沟通的改善

（1）理解别人的身体语言。身体语言比有声语言能够表达更多的信息，因此，理解他人的身体语言是理解他人思想感情的一个重要途径，从目光、表情、身体运动、姿势与彼此间的空间距离中都能够感知对方的心理状态，有利于人际沟通与交流的和谐、顺畅。如果想提升自身非语言沟通的技巧，就应培养自身敏锐的观察能力，善于从对方不自觉的姿势、目光中发现对方内心的真实状态。

（2）恰当地运用自己的身体语言。在人际沟通与交流的过程中，了解他人的身体语言是促进和谐沟通的一个方面，同时，也要恰当地运用自己的身体语言，合理表达、顺畅交流。在运用身体语言的过程中，还应注意以下几点：有意识地运用身体语言；注意身体语言的运用情境；注意自己的角色与身体语言相称；注意言行一致；改掉不良的身体语言习惯。

开阔视野

你的身体会说话——改善身姿的方式

改善你的身姿，可以使你的人际交往技能、魅力以及平时的情绪发生非常大的变化。

（1）不要让你的双臂或双腿交叉。

（2）与对方保持眼神接触，但不要紧盯着别人。

（3）放松你的肩膀。

（4）当别人讲话时，要注意点点头。

（5）切忌懒散的姿态，坐直坐正，但以轻松的方式，而不是紧绷的姿态。

（6）身体可以略微倾斜，但不要过度。

（7）保持笑容，发出笑声，保持轻松的态度，不要让自己显得过于严肃。

（8）抬起头来，不要盯着地面，让目光与他人平视。

（9）不要惊慌失措和急于躲开，戒除或改变那些会显得烦躁、紧张的动作和毛病。

（10）自信而慎重地利用你的手。不要显得手足无措，也不要用以手抓脸的方式表达你想说的话。用手去说明事物，或者突出那些你想突出的重点即可。但不要过于频繁地使用手，否则，会造成不必要的干扰。同时，也注意不要胡乱地挥手，控制住它们。

（11）不要站得太近，与别人保持一段距离，给别人保留一定的空间。

（12）保持良好的态度。

三、沟通的基本类型

（一）从沟通的表达形式上，可以分为直接沟通和间接沟通

1. 直接沟通

直接沟通直观、真切，表现形式就是直接交谈或电话交谈，具有便捷、快速的优点，不但能够直接听到语意，还能感知多方面体现出的情感。它比较适合熟悉的人之间对分歧不大、比较简单的问题的快速交流，同时，也适合用来对实际情况摸底调研。缺点是有时受个人情绪影响较大，常常会受面谈者的影响，难以体现信息的对等。

2. 间接沟通

间接沟通为非面谈式沟通，常见的形式为书信类、文件报告式沟通。此种形式沟通的优点是一般比较冷静、理智，沟通和交流观点比较系统、委婉，不太容易受感情和氛围因素的影响；缺点是缺少情感交流，适合用于正式方案类、决策类的沟通。

（二）从沟通的场合选择上，可以分为正式沟通和非正式沟通

1. 正式沟通

正式沟通一般有明确的任务，气氛严肃，时间、地点选择严格，形式的选择一般以文字或者公开的面谈为主，一般双方都有较好的沟通准备。比如，各种形式的会议、正式的宴会以及领导和下属之间约见式的谈话等。

2. 非正式沟通

非正式沟通一般不确定明确的主题，主要是以双方情感分享和交流为主，即使涉及彼此关注的问题，一般也采取谦让和回避的态度，选择的时间和地点一般都比较随意，氛围轻松。常见的有一起娱乐、一起运动等。对于一个难以快速解决的问题，经常需要正式和非正式沟通形式结合，一步步慢慢地解决。

⑦ 乐学善思

假如你是大（1）班的班主任，班上一名小男生小宝上课总是爱和别人说话，做小动作。你会怎么和他沟通呢？请你将沟通方案以电子文档或纸质作业形式提交给老师。

任务二　幼儿教师沟通

任务目标

1. 了解幼儿教师沟通的特点及基本原则，掌握基本职业要求。
2. 掌握幼儿教师沟通的不同方式，并尝试在实践中合理运用。

任务阐述

本任务中关于幼儿教师的沟通技巧和沟通语言方式是重点学习的内容，要着重对待。尽可能按照相应知识内容在特定的场合实践，如幼儿园见习中进行实际运用，或是在实训环节进行实践，体会其中的含义。幼儿教师的沟通特点和基本原则作为基本理论指导。

新知学习

墙壁上的画

小林特别喜欢画画，但经常在墙上乱写乱画，小林的家长每次都呵斥他，但是，效果并不好，只要不看着他，墙上就会出现他的“作品”，为此小林家长很头疼，特意和小林的老师说了这一情况，希望老师能帮助小林改掉这个坏习惯。

这天，小林又在幼儿园的墙壁上画画，老师发现后，微笑着对小林说：“小林画得真棒！可是，过一段时间幼儿园就会重新刷墙壁了，我就看不到小林的画了，可怎么办啊！”

小林皱着眉头说：“不刷不行吗？”老师说：“不行啊，小林把墙的脸弄脏了，它都哭了，我们要给它洗干净呀，就像小林每天都要洗脸保持干净一样。”

小林愧疚地说：“我以后不让它哭了，可是，我的画怎么办呀？”老师说：“这样吧，小林以后把画都画在纸上，老师帮你保存起来，这样老师就能随时看到小林的画了，好不好？”

小林受到了鼓励，非常开心，决定不在墙壁上画画了，而是认真地画在纸上，然后交给老师看。

幼儿教育的过程是幼儿教师与幼儿相互沟通的过程，在这个过程中，幼儿教师起主导性作用，引导着幼儿向某一方向发展。幼儿教师的沟通语对幼儿的思想与行为都具有重要影响，所以学会与幼儿交流，掌握与幼儿沟通的礼仪技巧，是现代教育对每个幼儿教师的要求，也是实现高质量幼儿教育的需要。

一、幼儿教师沟通的特点

1. 浅显易懂

幼儿教师的语言要符合幼儿的感知接受能力，道理要浅显易懂，尽量用直白、形象的语言，讲话忌“假、大、空”。

2. 用语规范

幼儿教师要讲普通话，要讲文明语言，语言应简约，多用简单句，且符合语法规范。

3. 感情充沛

幼儿对幼儿教师的情感需求特别强烈，因此，幼儿教师与幼儿的交往应饱含情感互动，要把对幼儿的爱大声说出来。亲其师，才能信其道，没有情感就没有真正的交流，就不可能完成教育任务。

二、幼儿教师沟通的基本原则

1. 平等与尊重原则

任何方式的沟通都应该建立在平等和尊重的基础上。幼儿作为一个和成年人一样的独立个体，有自己的思想，有自己的独立人格。教师不仅要主动与幼儿沟通，坦诚地告诉幼儿自己的想法，而且要鼓励幼儿主动把自己的想法告诉教师，还要尊重他们的意见，允许他们申辩，并充分表达自己的看法，这才是真正意义上的有效沟通。在具体行为上，我们可以采取一些行为来体现平等与尊重的原则，如教师出现错误时，应向幼儿道歉；当幼儿帮助教师时，教师要及时说声“谢谢”等；在与幼儿进行交流与沟通时，教师最好采用蹲下去的姿势，让幼儿平视教师。

蹲下去，不仅会让幼儿感觉到教师对他的重视，与教师处于平等的位置，交流起来更能感觉到教师的关爱。蹲下去指的不仅是蹲下身体，而且是放下权威。教师在沟通前，先让自己的思维“蹲下去”，想一想幼儿会喜欢什么，会遇到什么问题，会需要什么帮助；在沟通时，让自己的知识水平“蹲下去”，和幼儿一样充满好奇；当幼儿之间发生冲突时，让自己的权威“蹲下去”，与幼儿协商解决办法。

2. 创设宽松的交流环境原则

要想获得和谐的师幼沟通过程，教师除了要把幼儿当成平等、独立的个体，热爱并尊重每个幼儿外，还要给幼儿创设一个宽松的交流环境。《幼儿园教育指导纲要（试行）》强调，幼儿园要创设一个自由、宽松的语言交往环境，支持、鼓励、吸引幼儿与教师、同伴或其他人交谈，体验语言交流的乐趣；鼓励幼儿大胆、清楚地表达自己的想法和感受。因此，教师必须树立新的教育观，尊重幼儿“说”的权利，还给幼儿“说”的自由，挖掘幼儿“说”的潜能，真正使幼儿成为“说”的主体。

3. 保护性原则

苏联著名教育学家苏霍姆林斯基说：“要像对待荷叶上的露珠一样对待孩子的心灵。”这就要求幼儿教师充分掌握幼儿心理成长的规律，掌握幼儿认知发展的规律，熟悉每个幼儿的特点，对内向的幼儿要多鼓励，对不良倾向要进行有效制止。

4. 言语得体原则

爱因斯坦说过："一个人的智力发展和他形成概念的方法在很大程度上是取决于语言的。"在语言方面，教师的语言是影响学生心灵的工具，是教师最主要的教学手段。教师的语言会影响幼儿思维能力的发展，影响幼儿语言能力的发展，影响幼儿审美能力的发展。学会使用语言，可以使教学更加生动，提高教学效率。幼儿教师口语的特点有以下几点：

（1）明理启智。对幼儿来说，重要的不是灌输道德认识和道德观念，而是促进其道德情感的萌发。

（2）简约规范。幼儿期正是学习语言的黄金时期，这一阶段，教师是幼儿模仿的对象和学习的榜样。教师的语言必须简洁、规范，如"现在，大家上床睡觉"就不能说成"大家上床睡觉觉，现在"。

（3）直白具体。幼儿年龄小，只能按表面的意思理解教师的语言，所以教育口语的使用就必须具体、直白，这便于幼儿领会教育的目的。

（4）语言儿童化。语言儿童化是指教师语言贴近儿童生活，符合儿童心理特征，富有儿童情感趣味。

5. 因材施教原则

幼儿教师要针对不同的学习环境、不同的学习材料对不同年龄阶段的幼儿使用不同的语言，切实做到因材施教。

三、幼儿教师沟通的技巧

1. 认真倾听促进沟通

学会倾听才能读懂幼儿。幼儿教师可以从倾听中获得大量的信息，找到问题产生的根源，思考解决问题的办法。同时，倾听也是对幼儿的尊重，是友好的表示。良好的沟通，需要耐心地聆听，了解对方的感受和需要。特别是对幼儿的情绪问题及行为问题，不要急着做出判断和评价，而应该采取一种宽容的态度，在充分理解幼儿的基础上进行沟通。

2. 合理引导促进沟通

沟通不可能是一帆风顺的。幼儿教师以聊天的口吻亲切地询问幼儿，是获取信息、确定沟通方向的基础。沟通过程中，幼儿教师对幼儿表现出一定程度的理解和认同，更容易实现与幼儿的心理相容，激发幼儿表达的欲望。

3. 恰用体态语促进沟通

幼儿教师正确的体态语可以给幼儿以关心、呵护和鼓励，让幼儿感受到来自幼儿教师的信任和温暖。

幼儿教师沟通的语言方式案例

四、幼儿教师沟通的语言方式

（一）劝慰式

1. 针对不同性格劝慰

幼儿性格不同，劝慰的方式也应不同。对于胆汁质、多血质的幼儿，教师要设法转移幼儿的注意，帮助其从不安、不快的事物中脱离出来，劝慰语宜直接、明确；对于黏液质的幼儿，教师要先设法站在他的角度上表示理解和同情，再进一步劝慰；对于抑郁质的幼儿，教师要有足够的耐心，用明快的语言表达关爱，用乐观的情绪带动幼儿，使其走出情绪低谷。

2. 劝慰的态度要正确

教师要用正确的态度对待幼儿，用正确的态度对待发生的事，要分清对错是非，不能把劝慰当作唯一目的，要做到劝慰中有引导，安抚过程中有教育。

（二）启迪式

启迪是幼儿教师施加的启发、开导幼儿的教育形式，旨在通过教师循循善诱唤起幼儿内在的情感，引导幼儿思考发生的事情，帮助他们弄清事物的道理，开启他们的心智，最终实现幼儿的自我教育。

1. 善于提问

幼儿教师要善于提问，能根据不同的情况，采取不同的提问策略。能针对不同的问题情境、幼儿不同的性格特征、幼儿不同的年龄特征采用不同的提问方式。

（1）正面提问：直接接触问题，单刀直入，能够对被问者施加直接的心理刺激，可以肯定，可以否定，但不能回避问题。

（2）侧面提问：语气比较缓和，有利于引导对方回答自己关注的问题。

（3）反向提问：语气比较强，通常运用于事实非常清楚、道理也已明确之时。反问使得对方很难做出否定性的回答。

2. 善于设喻

幼儿认知发展的年龄特征以具体形象思维为主。在这一阶段，可感的东西往往更易可知。所以，教师要通过设喻，使模糊的道理变得清晰，使抽象的概念变得具体。

3. 善于举例

幼儿的认知及思维水平较低，难以分清事物的主次、表里、本质与非本质等内容，幼儿教师在启迪学生时，如果能举一个幼儿熟悉的例子来说明道理，就能把抽象的道理变得具体可感，易于幼儿接受。

4. 善用暗示

暗示是一种非常有效的启迪方法。保加利亚心理学家洛扎洛夫经过实验认为，对幼儿最有效的教育方法是含蓄、间接的暗示法。暗示法舍弃了直白的语言，不明确表示意思，而是采用含蓄的语言或行为使人领会意图，没有指令性和强迫性，更容易被别人认同。对幼儿来说，暗示教育能激发他们无意识的心理活动，使他们在轻松愉快的气氛中接受教育，这比用强制性的、命令性的教育方式效果更好。

（三）激励式

激励式是鼓励幼儿积极上进，激发其奋斗意志的教育形式。激励语能够促进幼儿树立良好心态，调动其积极性，以饱满的热情投入到活动和学习中去。

1. 正向激励

正向激励就是运用教育口语，调动幼儿的情绪，使他们的内心激动起来，响应教师提出的要求。运用正向激励时，教师的情绪要高涨，声调要高亢，语言节奏要偏快，语言要有鼓动性，体态语要简洁有力。

2. 逆向激励

逆向激励也叫激将法。运用这种方法要注意条件，在幼儿应该做却不愿意做，或完成一项任务有一定难度，幼儿自信心不足时可采用，以激励他们实现自我突破。另外，要注意孩子的性格，此法对胆汁质和多血质气质的孩子较适用。

3. 勉励

勉励语重在“勉”，运用时语气要平和，语重心长，寓意深刻，使幼儿产生较持久的动力。

（四）情感式

情感式，指教师的语言应当充满情感的色彩。在幼儿教育过程中，教师的主要任务不是传授知识，而是通过与幼儿之间的接触达到心灵和情感方面的沟通、交流。教师要发挥好主导地位，就要学会在教学过程中合理地运用情感式教学语言来感染幼儿，引起他们内心世界的共鸣，使他们对幼儿园生活、学习产生浓厚的兴趣。教师语言充满情感主要表现在两个方面：一方面，教师通过语言将活动内容、活动过程中的情感因素传达给幼儿，让幼儿充分体会这些情感，从而在活动中获得乐趣和情感的满足；另一方面，教师在与幼儿的交流中，所使用的语言直接体现出情感的色彩，以表达教师对幼儿的尊重、关爱等。教育教学语言，是一门要求教师善于选择和使用富有审美价值的语言与幼儿进行各种交流沟通的艺术。教师只有真正地把情感融入教育教学活动中，才能使幼儿保持旺盛、好学的情绪，在轻松、愉快的氛围中学习和成长。

（五）趣味式

兴趣是人对客观事物的一种积极的认识倾向，它能推动人去探索新的知识，发展新的能力。幼儿的年龄特点决定了他们喜欢生动、有趣的语言，这就要求幼儿教师必须善于运用语言，创造生动、富有趣味性的语言教学模式。新的教育观强调，幼儿教育不是教师教授幼儿学习的活动，而是教师在组织活动中观察了解幼儿，诱发幼儿的积极性、主动性和创造性，激发幼儿学习兴趣的过程。教师的作用不仅在于用语言有意识地提供信息、传递知识，而且还应有目的地影响幼儿的学习和认知活动。富有趣味性的语言能够激发幼儿的兴趣，把幼儿潜在的学习积极性充分调动起来，使他们在愉快的气氛中自觉、主动地学习。教学时，教师应从幼儿活动的实际出发，抓住幼儿的特点，使用生动、有趣、具有感染力、贴近幼儿生活的语言，使课堂充满活力，教学活动得以顺利开展。但在趣味性语言的使用过程中，还应该注意避免两种倾向：趣味性的语言既不能太过“儿童化”，也不能过于“成人化”。教师使用的语言应浅显易懂，但绝不能降低语言的水平，不可过于迁就幼儿语言的使用习惯，只有这样，才能真正发挥趣味性语言的魅力。

（六）表扬式

表扬是教师对幼儿给予的肯定，主要是赞美幼儿正确的行为和思想，以此强化教育的效果。

1. 表扬语要多样化，有针对性

表扬要针对具体的人和事，尽量避免重复用语。如有孩子帮你整理小朋友看过的图书，你不能简单地说“你真棒”，而应说“蓓蓓帮老师整理的图书，又整齐又好看，真棒！”

2. 表扬要适度，不可夸大

过度表扬可能导致幼儿不能正确认识自己，产生骄傲情绪；经常表扬可能会导致幼儿形成悦人型人格倾向，过分注重成年人对自己的评价，缺乏独立判断是非的能力，受挫力差，不自信；过度表扬某个孩子，也可能会让其他孩子受到暗示，自感不如他人，产生负面的自我评价。

（七）批评式

批评是教师对幼儿的错误思想和不当行为作出的否定性评价，旨在使幼儿认识错误，改正行为。

1. 直言批评

教师从正面入手，直奔主题，开门见山地指出其错误所在，提出正确要求。运用直言批评，要求教师语言简练、表情严肃、手势有力，但应注意说话的力度，不可过于生硬，用词要斟酌，不夸大，不缩小，实事求是。

2. 类比批评

教师不直接指出幼儿的错误，而是用举例子、讲故事、打比方等方法让幼儿认识到自己的错误并改正。

3. 肯定式批评

教师在批评幼儿时，不仅看到幼儿的错误，还伴随着对幼儿某些方面的肯定，让幼儿既

认识到自己的错误和差距，又看到自己的优点和希望，减少抵抗心理。

开阔视野

表 2-2-1　不同气质的幼儿批评语的设计

气质类型	批评语的设计
多血质	多血质幼儿易接受批评，但往往忘得也快。因此，批评应开门见山，但需注意保护其自尊心和积极性。
胆汁质	胆汁质幼儿易冲动，要强，而且经常质疑公平。因此，对这类幼儿的批评应等到其情绪平静后，态度温和地进行诱导。
黏液质	黏液质幼儿往往需要更多的时间来消化、反思批评，一旦明白了道理，认识到错误，一般很少再犯同样的错误。因此，对这类幼儿，幼儿教师一定要给他们思考回味的时间。
抑郁质	抑郁质幼儿表露错误的机会不多，因而受到批评的概率也相对较低。对这类幼儿，应以鼓励为主，即使批评也应尽可能委婉含蓄。

乐学善思

小蓓是一个性格内向的孩子，在幼儿园里从不主动和别人说话，没有朋友，常常自己躲在角落里看其他小朋友玩，显得形单影只。教师通过家访了解到小蓓的爸爸外出打工了，小蓓看见别的小朋友每天有爸爸接送，很羡慕，又感到一些自卑。

请你根据上述情境，运用沟通语礼仪技巧，设计一段鼓励小蓓融入小朋友，开心快乐生活的沟通语，并在组内进行交流。所设计的方案及组内交流与评价写在下面方框中。

方案设计：
组内交流与评价：

任务三　实训活动——幼儿教师沟通实践

活动目标：

幼儿的年龄特点决定了他们习惯生动、有趣的语言，所以幼儿教师必须创造生动、有趣的语言教学模式，增强幼儿学习的趣味性。

活动内容：

请学生研读案例后，以大班教学活动《认识各种形状》为主题，进行幼儿教师沟通语言的实践。

案例：

有一次午饭时，幼儿很吵，于是，教师说："咦？我们教室里什么时候飞进来那么多小蜜蜂，嗡嗡嗡嗡的，多吵呀！我们快把它们请出去，别打扰我们吃饭了。"幼儿听了都笑了起来，笑过之后便安静吃饭了。

点评：富有趣味性的语言不仅有助于提高幼儿的自理能力和审美能力，还可以陶冶幼儿的情操。

活动要求：

教师在描述图形的过程中要增加语言的趣味性，能更好地吸引幼儿学习的兴趣，帮助幼儿正确认识各种图形。

活动步骤：

（1）请学生自主查阅资料，找出大班幼儿认知的图形都有哪些。

（2）学生自主划分为四个学习小组，设计引导幼儿认识各种形状的趣味语言，并填写在下面方框中。每组指派一位代表在班级内发言，然后组与组之间进行交流与评价。

组内讨论之后的语言描述：
交流与评价：

项目评价表

序号	评价内容	分值范围	评价依据	自主评分
1	关于沟通的特点、形式及沟通基本类型的掌握情况。	0～10分	将掌握情况及对内容的理解进行总结，并以电子文档或纸质形式提交给老师，再依据总结的内容情况评分。	
2	对幼儿教师沟通的特点与沟通的基本原则、技巧和沟通语言方式的掌握情况。	0～10分		
3	任务一中乐学善思的方案完成情况。	0～20分	根据提交给老师的方案内容评分。	
4	针对任务二中乐学善思环节的组内讨论及参与情况。	0～20分	根据组内参与情况评分。	
5	在任务三实训活动中的资料查阅及在探讨时的发言情况。	0～20分	根据所搜集到的资料及探讨发言时的观点表达评分。	
6	是否作为组内代表进行发言？表现情况如何？	0～10分	根据组内交流情况评分，如未作为组内代表进行发言则不得分。	
7	在任务三探讨过程中的笔记记录情况。	0～10分	根据笔记内容评分。	
得分（总分100分）				

项目三　幼儿教师形象礼仪

学习起航

第一印象

首因效应由美国心理学家洛钦斯首先提出，也叫第一印象效应，是指与他人第一次见面时给对方留下的印象，这个“印象”就是第一印象。在社会交往中，我们需要利用第一印象，将自己最好的形象展示给对方，为以后的交流打下良好的基础。

组成第一印象的因素有一个著名的“73855”定律（第一印象 =7% 言谈内容 +38% 言谈举止 +55% 仪容仪态）。从这个公式中我们可以发现，谈话内容只决定对一个人产生第一印象的 7%，38% 体现在语气语调上，55% 体现在外表、穿着、打扮上。可见，注重第一印象、注重我们的外表形象对我们的事业和生活是多么的重要。

欧阳修云：“君子之修身也，内正其心，外正其容。”就是说，一个人需要内外兼修，实现内在美与外在美的统一。作为幼儿教师，我们一定要重视自己留给幼儿和家长的第一印象，为下一步教育工作的开展打下良好基础。留下良好的第一印象还能获得家长与幼儿的支持，促进教育工作的顺利进行。

学习目标

知识目标：

1. 了解幼儿教师形象礼仪的主要内容。
2. 理解幼儿教师各种形象礼仪的基本原则。
3. 掌握幼儿教师形象礼仪中各种礼仪的常用姿势、禁忌动作。

能力目标：

能通过实践理解并掌握幼儿教师各种常用形象礼仪的动作要领和动作规范。

素质目标：

1. 具备学习幼儿教师良好仪态的主动性和自觉性。
2. 能够通过对形象礼仪的认识，在实际生活中树立良好的职业形象。

任务一　仪容礼仪

任务目标

1. 了解仪容美的内涵及仪容修饰的原则，在自主实践时合理运用。
2. 了解幼儿教师职业仪容礼仪的主要内容。

任务阐述

本任务共有三个板块内容，其中仪容修饰的原则和幼儿教师职业仪容礼仪的主要内容是学习的重点，学习时要注意知识点的细节，掌握基本的仪容礼仪，提高礼仪意识，提升职业形象。

新知学习

仪容示范

张凡凡是一名年轻的幼儿教师，人长得非常漂亮，而且喜爱打扮，追求时尚。临近开学，她兴冲冲地给自己做了一番打扮。

一开学，她就踩着高跟鞋，穿着短裙，顶着一头彩色卷发上班了。一进教室就惹得班里的幼儿们都羡慕不已。结果，很多小女孩回到家里都问妈妈："妈妈，小凡老师今天可漂亮了，穿着短裙，头发都烫成卷了，什么颜色都有。妈妈，我能不能也做一个烫卷？"这些妈妈听了孩子的话惊呆了。"怎么能这样？作为幼儿教师，怎么能起这么不好的示范作用？"为此，愤怒的家长向幼儿园投诉了张凡凡。

经过批评教育，张凡凡终于知道了自己的错误，十分后悔自己做了错误的示范。

仪容一般是指人的容貌。容貌在很大程度上取决于先天的遗传因素，对于人的仪容来说，后天的修饰美化同样十分重要。可以说，仪容修饰是影响社会公众对幼儿教师形象进行评价和定位的重要因素。仪容修饰不仅可以反映幼儿教师的形象、工作态度、工作作风和综合素质，还会影响幼教活动中所有相关人员对幼教机构的评价。

一、仪容美的内涵

1. 自然美

自然美即先天条件好，天生丽质，它是仪容美的基础。幼儿教师仪容应以淡雅自然为主，若片面强调个人面部的美化，刻意去改变容貌，不但不漂亮，而且会失去自然美。

2. 修饰美

修饰美指依照规范与个人条件，对仪容进行的必要修饰。扬其长，避其短，设计、塑造出美好的个人形象，在人际交往中尽量使自己显得有备而来，自尊自爱。它是仪容美的重点。

3. 内在美

内在美指通过学习，不断提高个人的文化、艺术素养和思想、道德水准，培养出高雅的气质与美好的心灵，使自己秀外慧中，表里如一。它是仪容美所要达到的较高境界。

仪容美是以上三个方面的高度统一。

二、仪容修饰的原则

1. 自然的原则

仪容修饰的最高境界是自然。明明化了妆，却让人看不出化了妆，达到“妆成有却无”的效果。这样的妆容不矫揉造作，更显自然，给人一种浑然天成的感觉。

自然的原则要求幼儿教师做到淡妆上岗，不化浓妆和彩妆。

2. 美化的原则

美化其实就是修正自己容貌上的不足，使自己的形象更精神、更健康、更美丽。美化的原则是指幼儿教师在了解自己容貌特征的基础上，通过修饰、化妆、保养等各种合理手段对容貌进行适度修饰和矫正，使容貌更加美丽。幼儿教师不要因追求美丽而过度修饰，甚至把自己打扮得很前卫。美化容颜要符合大众的审美标准。

3. 协调的原则

协调原则强调整体，是指幼儿教师在进行仪容修饰时，不可着重修饰自己的容貌缺点而忘却使容貌整体归于协调。除了整体妆容协调外，幼儿教师还应注重整体服装协调、身份协调、场合协调、色彩协调、体味协调等，若某个细节失败，可能会使整体遭遇失败，面临尴尬和交际的挫折。

4. 礼貌的原则

幼儿教师在进行仪容修饰时要注意场合，不可当众化妆，修饰用品也应专人专用，讲究卫生。当幼儿教师在与家长或他人见面时，不要妄加评论他人的仪容修饰。假如发现对方有明显的修饰瑕疵，应该在私下场合进行善意的提醒。

5. 健康的原则

幼儿教师在进行仪容修饰时，一定要注重健康，要保证饮食平衡、睡眠充足、生活习惯良好、心态平和。只有身体健康，面容才会呈现出真正的好气色。因此，幼儿教师只有内外兼修，拥有健康的身体和心理，才能塑造出让人信赖的职业形象。

三、幼儿教师职业仪容礼仪的主要内容

（一）头发修饰

头发是人体天然的装饰品，是一个人被注视的重点。在正常情况下，人们观察一个人“往往是从头开始”的。头发修饰是指幼儿教师按照职业要求、自身特点、审美习惯以及流行风

尚对自身的头发进行清洁、护理、修剪和美化。

发型大方、头发整洁是幼儿教师个人礼仪对发式美的最基本要求。通过对不同发式的打理，幼儿教师可以扬长避短，充分展现自己的风采，给幼儿及家长留下美好印象。

1. 男教师的发型选择

男教师的发型一般分为寸头和偏分，头发长度要适宜，前不覆额，后不及领，侧不掩耳，面不留须，不留大鬓角，更不可剃光头，发型的风格不能过分追求时尚，也不能标新立异。

2. 女教师的发型选择

适宜女教师的发型有麻花辫、马尾辫、童花式、运动式等。女教师的头发一般比男教师的长，发型式样更多样化，所以需要达到以下要求：

（1）女教师发前不遮眼，后不披肩，上班时要将过长的头发束起或盘起，不随意披散，不因发型、发饰引起幼儿的过分注意。如果头发已经过肩，应该在办公时将长发束起，扎成马尾辫或盘头，以方便教学和运动。

（2）女教师发型的风格也不能过于追求时尚，如烫头、染发等，要体现出庄重、传统的整体风范。

开阔视野

脸型与发型

教师在选择发型时，首先要考虑的是脸型，不同的脸型所选择的发型会有很大的差异，表 3-1-1 具体分析了几种脸型的发型选择。

表 3-1-1　脸型与发型

脸型	发型
长方形脸	这种脸型的特征是面部上下落差较大，横向距离较小，额头比较宽。宜将头发留至下巴，选择恰当的刘海或两颊头发剪短些，以缩小脸的长度。也可将头发梳得蓬松卷曲，使脸看起来宽一些，发梳成饱满柔和的形状，顶部平伏，前发下垂，适当增加两侧发容量，使脸有较圆润之感，缓解由于脸长而形成的严肃感，这样视觉效果会更好。
圆脸	宜选择垂直向下的发型，顶发适当丰隆，使脸型显长，或侧分头发，以不对称的发量与形状来减弱圆脸的宽度。
椭圆脸	这是女性最完美的脸型，采用直发和短发皆可，但应尽可能地将脸型显现出来，头发不宜过度覆盖脸部。
三角形脸	分为正三角脸型和倒三角脸型。正三角脸型应该使头顶的头发宽松，发梢稍微盖住脸颊；倒三角脸型的上半部头发不应显得蓬松，宜选用短发并露出前额，让双耳下方的头发适当增多，但不要过于垂直和蓬松。

续表

脸型	发型
菱形脸	这类脸型的教师应该将额头上部的头发往两侧拉展，额下部头发紧缩，并把靠近颧骨处的头发做成卷发，从而遮盖住突出的颧骨，减轻脸型的扁平状特征。这类脸型不宜留刘海，面颊两侧也不宜隆起头发。

（二）面部妆容

“面必净，发必理，衣必整，纽必结。头容正，肩容平，胸容宽，背容直。气象：勿傲，勿暴，勿怠。颜色：宜和，宜静，宜庄。”这是南开中学蜚声中外的“容止格言”，中华人民共和国的开国元勋周恩来就毕业于这所中学。在这则格言中，“面必净”占据首位。面部清洁是仪容美的基础。

1. 面部清洁

修饰面容，首先，要注意清洁，即要勤于洗脸，保持面部的清爽、无灰尘、无汗渍、无油污、无泪痕、无分泌物、无其他不洁之物。要想做到这一点，必须养成平时勤于洗脸的良好习惯。其次，要卫生，需要同时兼顾讲究卫生与保持卫生两方面。

面容除脸部外，还包括眉部、眼部、口部、鼻部、耳部和颈部等。幼儿教师应该注意这些部位的整洁、卫生，要显得简约与端庄。例如，应保持眉毛的完整，女生切忌绣眉、文眉；注重眼睛的卫生，预防各种眼部疾病，保护好视力；保持口腔卫生，注意刷牙与漱口，避免残留异物与异味；注意鼻垢的及时清理，切忌当众挖鼻；注意耳屎的清理与颈部的卫生清洁。

2. 面部妆容

（1）女教师的化妆礼仪要求。化妆，是通过使用一定的美容用品来修饰自己的仪容、美化自我形象的行为。女教师在化妆时，应做到化而不露、妆而不觉、清新自然。工作期间的妆容应自然、大方、淡雅，与肤色、衣服相匹配，杜绝浓妆艳抹，不使用有刺激性味道的化妆品。自然光下，化妆后要经常进行检查，以防止自己的妆容出现残缺。特别是出汗后、休息后、用餐后，应当及时自查妆容。

（2）男教师的仪容礼仪修养。随着时代的发展、人们观念的改变，越来越多的男教师走进幼儿园。也许很多男教师认为，仪容修饰是女士的事情，与他们无关，甚至还认为自己在忙大事，没时间考虑这些，从而放任自己蓬头垢面、不修边幅。这种想法其实很不妥，从生理角度来讲，男士更需要接受仪容指导。从儿童心理学角度来讲，幼儿主要是直观思维，美好的东西会引起他们愉快的情绪。老师容光焕发，能给幼儿心理上带来愉悦感。可见，男教师的仪容更应注重干净、整洁。男教师仪容修饰除了遵守上述的女教师的规范外，还需做到：头发前不覆额，侧不掩耳，后不及领，面不留须；经常修剪鼻毛，不让其外露；胡子刮干净或修整齐，不留长胡子、八字胡或其他怪异的胡子。

开阔视野

彩妆能改善人物原有的“形”“色”“质”，增添美感和魅力。正确的彩妆技巧不仅能够让我们更加美丽，还有助于保护我们的皮肤，如表 3-1-2 呈现的彩妆基本技巧。

表 3-1-2 彩妆的基本技巧

步骤	彩妆环节	具体操作
第一步	洁面	彻底清洁面部后拍打化妆水，用护肤霜做好基础保养。
第二步	打粉底	粉底用于面部遮瑕，调整皮肤色调和增强面部立体感。膏状粉底适用于面部瑕疵过多或舞台浓妆，乳液状粉底适用于生活妆。涂抹时，采用印按的手法，在额头、脸颊、鼻子、唇周和下颌等部位，用专用海绵由上至下依次将底色涂抹均匀。注意额头与发际、脸部与脖子等部位之间的衔接，不能出现黑白分明的底妆。
第三步	修饰眉	根据自己的脸形选择适合自己的眉形，修整后再正确描眉。眉的颜色从眉头到眉峰应由淡至浓，从眉峰到眉尾又轻轻淡化，颜色自然消失在眉尾。注意“下笔要轻”。
第四步	眼部化妆	幼儿教师进行眼部化妆时，要体现“清洁”感。眼线不能化得过宽，用眼线笔贴着睫毛根部位置轻画上一条流畅的眼线，不用画下眼线，然后用睫毛刷蘸取睫毛膏从睫毛根部向上、向外轻刷。选择眼影时，可与自己的服装相搭，用眼影刷小范围地刷在上眼睑的中央区域，然后，慢慢向两边晕染。
第五步	面颊修饰	腮红可以帮助修正脸形，让人显得气色好。选择腮红应以暖色为主，选好后以颧骨下部为起点斜着轻刷。注意，腮红面积不宜过大，颜色不宜过艳。
第六步	唇部修饰	口红对面部化妆起着画龙点睛的作用。涂抹时，可将口红直接抹在唇部，先涂上唇内侧，再涂外侧。涂完后，用纸巾吸一下浮油，再涂一次。最后将唇彩点缀在唇中央即可。
第七步	修正补妆	检查化妆效果，进行必要的调整、补充、修饰和矫正。

（三）肢体修饰

幼儿园教师肢体修饰包括手掌、肩臂和腿脚这三个部分。

在幼儿园的教育教学活动中，幼儿园教师的手起着至关重要的作用。不论鼓励、安慰，或是爱抚都离不开手。所以，幼儿园教师的双手始终在向幼儿传达着某种信号或情感。幼儿园教师伸出去的手应该是让幼儿乐于接受的。这种乐于接受既来自幼儿园教师手势动作的美，也来自幼儿园教师对手部卫生的关注和对手部皮肤的保养。因此，幼儿园教师在肢体修饰的问题上首先要注意手的修饰。

1. 手掌

（1）清洗手掌。在幼儿教师工作中，手是接触他人和其他物体最多的肢体。手部的修饰首先是清洗。幼儿教师洗手，不应只在饭前、便后，而应当在一切有必要的时候。要记得如果自己的双手粗糙、红肿、皲裂、脱皮，说明自己不注意手部保养。我们应该注意让自己的双手保持自然健康的状态。

（2）修剪手指甲。幼儿教师要注意自己手指甲的长度，及时修剪手指甲，一般是每两周修剪一次。长指甲易“藏污纳垢”，尖长的指甲容易划伤幼儿，也不便于工作，所以不要留长指甲。手指甲长度的标准为：掌心向内将手举起，让自己的指尖与眼睛保持水平，如果此时看不到指甲，则指甲的长度是标准的。修剪手指甲，以不超过手指的指尖为宜。留长指甲不符合幼儿园教师身份，不符合幼儿园教师的岗位需求。幼儿教师由于工作需要，经常给幼儿提供饭食、水果、糕点等，为减少安全隐患，最好不要涂指甲油。

（3）去除暴皮。定期去除死皮，定期保养双手是一个好习惯。幼儿园教师要及时去除指甲沟附近的暴皮。除暴皮时，幼儿教师要注意时机与场合，不宜当众操作，更不能在幼儿做活动时操作。要用剪子或指甲刀等工具，不要用手撕扯，避免撕扯出现伤痕。幼儿园教师手部的伤痕可能让幼儿产生紧张、担心、害怕等不良情绪。

2. 肩臂

幼儿园教师在正式的教学或其他公务活动中，不宜穿着无袖装，露出肩部特别是露出腋下的服装不符合教师职业形象的要求。肩部不应当裸露在衣服外。

幼儿园教师要特别注意腋毛的处理，在正式场合不要穿露肩、无领、薄透、短小的服装，在休闲场合或社交场合，若打算穿着暴露腋窝的服装，则需要清除腋毛。

3. 腿脚

（1）不露大腿。由于幼儿园教师工作的特点，幼儿教师宜穿长裤或穿长度在膝盖下方的七分裤或九分裤，但不能穿短裤，或穿暴露大部分大腿的超短裙。一般说来，女教师的裙长应当不短于膝盖上方 10cm，不要长过膝盖下 10cm。太短，则有失庄重；太长，则显得过于保守、老气。穿裙装时，幼儿园女教师一定要穿连脚肉色丝袜，无论男士还是女士，在工作期间将腿部皮肤裸露在外是不礼貌的行为。对幼儿园教师而言，工作场合就是正式场合，一定要注意这些细节。

（2）不光脚。在正式场合中，是不能光着脚穿鞋子的，这样做既不美观，又可能被人误会。女性光脚穿鞋，或穿一些可能使脚部过于暴露的鞋子，都有可能被视为卖弄性感。在公务或政务等正式场合，对鞋子的穿着要求是“前不露趾，后不露跟”。夏季，幼儿园教师工作时，应着运动鞋或便于活动且安全的运动款凉鞋，穿凉鞋时要穿袜子，不能光脚。

? 乐学善思

1. 为自己画一个清新淡雅的工作妆，以照片形式保留，并将图片提交给老师。

2. 根据自身条件，选择一款适宜的发型（可以请理发师设计或是自己画图设计）。

任务二　仪表礼仪

任务目标

1. 了解幼儿教师的着装原则。
2. 掌握进行服饰及色彩搭配的技巧。
3. 了解配饰礼仪具体内容。

任务阐述

本任务共有四个板块内容，每个板块的内容介绍对幼儿教师仪表礼仪的学习都很重要。其中色彩搭配板块的内容稍复杂，因此，在学习时要深入了解，细致分析，可自主查阅关于色彩属性的相关资料，帮助对此板块内容的认识和吸收运用。

新知学习

我老师就是这样穿的

我园是一所公办的市级示范园。前不久，从大学毕业的张老师来到我园工作，报到的第一天，张老师精心打扮了一番：亚麻色的大波浪卷发、彩绘指甲、精致的妆容，衣服上夸张的配饰，细细的高跟鞋。她给我们留下了深刻的印象：前卫、时尚。但这样的装扮对于幼儿园来说有一种格格不入的感觉。果然，开学还没几天，就有家长投诉了，张老师班上很多小女孩回家涂妈妈的指甲油，戴妈妈的项链，而且早上对衣服的搭配特别挑剔，上幼儿园前总为穿什么衣服闹脾气，明明很冷的天，却硬要穿短裙。家长苦口婆心地劝说，孩子们却说：“我们张老师就是这样穿的！”家长也无可奈何，只好求助园长。园长与张老师进行了一次严肃的谈话，明确地指出了她的问题。张老师觉得很委屈。

被誉为美国现代成人教育之父、美国著名的人际关系大师戴尔·卡耐基说过，良好的仪表犹如一首优美的乐曲，它不仅能够给自己提供自信，也能给别人带来审美愉悦；既符合自己的心意，又能左右别人的感觉，使你办起事来信心十足，一路绿灯。

什么是仪表？从广义来讲，我们说到某人的仪表，是指这个人外在的容貌、表情、举止、服饰等给人的总体印象。我们日常所讲的仪表礼仪多指着装与饰物礼仪。

一、幼儿教师的着装原则

幼儿教师是幼儿生活以及各项活动的组织者，注重仪表不仅可以体现幼儿教师的精神气质、格调情趣、学识修养和文明程度，还会潜移默化地影响着幼儿。从以上案例可以看出，服饰不仅是一个人的精神气质的直观表现，更在向外界传递一个人的道德修养、文化水平、审美情趣和文明程度。了解幼儿园教师的特点和要求，遵循相关的着装原则是很有必要的。

1. “TPO”原则

“TPO”原则是国际上公认的着装原则，也是幼儿园教师在选择服饰时应遵循的基本原则。

T 是英文“time”（时间）的首字母大写，泛指早晚、季节、时代等，是指着装随时间的变化而变化。夏季应轻松凉爽，春秋应注意防风，冬季应保暖舒适。教师的服装尤其要适应时代的变化，紧跟时尚与潮流，太超前与滞后都不合适。

P 是英文“place”（地点）的首字母大写，代表地方、场所、位置、职位等。它是指着装随地点的变化而变化。在会议中、课堂上、运动场上等，衣着的选择都应有所不同。

O 是英文“object”（目的）的首字母大写，代表目的、目标、对象，是指着装随目的的不同而不同。主要从两方面考虑：一是做事的目的，是想教学还是家访，是带领学生完成文化课还是体育课；二是想给他人留下什么印象，活泼开朗还是严肃稳重，抑或知性高雅，要根据这一目的来选择服饰。

2. 整体原则

正确的着装应尽显个体的完美和谐，考虑自己的年龄、体型、脸型、肤色以及周边的环境等诸多因素，各个因素相互配合，形成和谐统一的整体。整体美包括：款式美——造型和谐，巧妙塑造人体形象美；色彩美——色彩和谐，使人产生良好的心理效应；质地美——面料的质感直接影响服饰造型与色彩的效果。

3. 整洁原则

时尚的代言人香奈儿曾说：“你不可能要求我通过你邋遢的外表去深入了解你的内心。”无论在什么场合，服装的整洁干净是第一位的。衣服不能沾有污渍，不能有绽线的地方，更不能有破洞，扣子、拉链等配件应齐全，衣领和袖口处尤其要注意整洁。

4. 个性原则

着装的个性化原则，主要指依个人的性格、年龄、身材、爱好、职业等要素着装，力求反映一个人的个性特征。选择服装因人而异，重点在于展示所长、遮掩所短，显现独特的个性魅力和最佳风貌。特别是幼儿园的男教师，一定要展示阳刚、坚强、负责任的仪表形象。

二、着装搭配

（一）女教师的着装搭配

女教师的服装一般可分为职业服装与社交服装。女教师的社交服装分为礼服与便服，职业装一般是指套装，可以是套裙，也可以是套裤。在相关场合，套裙名列所有服饰首位。套裙可以是同一颜色、同一质地的素色面料，以冷色调为主，给人典雅、端庄、稳重的感觉；也可以上衣颜色浅，裙子颜色深，体现庄重、正统之美；如果上衣颜色深，裙子颜色浅，会给人充满活力与动感的印象。

女教师的裙长不应短于膝盖上10厘米（三寸），更不宜露、透、紧。与套裙相配的鞋子，宜为高跟、半高跟的船式皮鞋或盖式皮鞋。系带式的皮鞋、丁字式皮鞋、皮靴、皮凉鞋等，都不能与套裙搭配。鞋子的颜色以黑色为首选，此外，与套裙颜色一致的皮鞋也可以。

与套裙相配的袜子，应是连裤袜。袜子的颜色多为肉色、浅灰、浅棕，并且要选透明的薄袜子，不能带有图案和花纹。丝袜的大小要适度，袜子一定要完好无损，有洞、跳丝、残破的袜子应立即更换。女教师需要注意，在正式场合身着裙装时，不穿袜子是不礼貌的，而且尽量不要在公共场合整理自己的袜子。

在条件许可的前提下，女教师应该尽量穿园服，不仅可以体现园所的规范性，也便于幼儿园教育教学活动的开展。幼儿园教师的着装应遵循幼儿园工作的需要，在考虑美的同时，还应考虑自己的衣服是否便于蹲下来跟孩子讲话，是否便于同孩子们一起奔跑、一起做游戏。显然，穿着舒适、简洁、方便活动的服装更有利于开展幼儿园一日活动。

充分考虑教师与幼儿接触时的卫生和安全因素。幼儿园的教育是保教结合的教育，服装的面料以纯棉或高支棉为主。一方面，教师穿着舒服，便于活动；另一方面，不至于出汗后某些化纤织物产生异味。同时，教师的服装上不应该有过多的装饰片或串珠的佩饰，如果不小心碰到或散落，就有可能存在安全隐患。

（二）男教师的着装搭配

男教师的服装款式相对比较简单，有休闲装，如牛仔装、运动装等；有便装，如夹克、短袖衬衫、西裤等；有正装，如中山装、西装等。这些服装除西装的搭配有较多讲究外，其他服装遵循一般的规律即可。

西装也称西服，是世界公认的男士较正式的服装，几乎所有的场合都可以穿，可以是上下面料完全一致的两件套，也可以加一件同质同色的马甲变三件套。穿着西服时，要注意以下几点：

1. 西装的纽扣

双排扣西装的纽扣要全扣上。单排扣西装有两粒扣与三粒扣之分，若为两粒扣，只扣上面一粒；若是三粒，可扣上面两粒或只扣中间一粒，最底下的纽扣永远都不要扣。

2. 西装与衬衫的搭配

能与西装搭配的衬衫有很多，最常见、最正规的是白色或其他纯浅色的衬衫。领子是硬领，领口要直，不能有折痕。合适的衬衫领子大小是扣上纽扣后，还能自由插进一根食指。以肩部的衣缝处为参照，衬衫领子要比西装上衣的领子高出1.5厘米左右，衬衫衣袖要长出西装袖口1.5厘米左右，所以，短袖衬衫是不可以配西装的。衬衫的下摆要塞进西裤里，不能散在外面。

3. 领带的选择和使用

领带是男士穿西装时最重要的饰物，在欧美各国，领带、手表和装饰性袖扣被称为“成年男子的三大饰品”。领带的面料应选择真丝，不能选择棉、麻、绒、皮等物制成的领带。以蓝色、灰色、棕色、紫红色等单色为首选，最好与西服同色系。同一条领带的颜色不能超过三种，颜色过浅或过艳的领带也不宜佩戴。领带上的图案以条纹，或圆点、方格等规则的小几何形状为主。

4. 袜子与鞋子的选择

最好选择黑色或者深色系列，质地为羊毛或纯棉的袜子，切不可一身深色系列的西装配一双浅色或艳色的袜子。在正式隆重的场合最好穿黑色的皮鞋，不要有图案或者花纹，这样可以给人以简洁、大方的感觉。另外，出门前记得擦亮鞋面，清理干净鞋底。

男教师的着装在遵循上述要求的同时，还需要注意，休闲装、运动装是男幼儿教师的首选。在着装时不能穿短裤，长裤的裤脚不可卷起；西装由于不方便日常教学，因此，在教学时不推荐穿；袜子在个人形象的塑造中起着重要作用。除了每日换洗，袜子的选择还要注意面料和颜色，与鞋子和裤子保持和谐。尼龙丝袜、色彩鲜艳的袜子和白色运动袜可以用来搭配休闲装和运动装。袜子要足够长，保证坐下后不露出皮肤和腿毛。

三、色彩搭配技巧

色彩搭配将两种以上的色彩并置在一起，产生新的视觉效果。服装的色彩搭配主要指上下装、内外衣以及它们与饰品的搭配组合关系。我们通过一定的方法将它们合理地搭配在一起，使服装在整体视觉上形成美好而调和的色调感（详细了解可参考表 3-2-1 的四季色彩属性与适合服装颜色）。

1. 同类色搭配

同类色是指深浅、明暗不同的两种同一类颜色相配，如青配天蓝、墨绿配浅绿、咖啡配米色、深红配浅红等。同类色配合的服装显得柔和文雅，给人安静的感受。例如，粉红色系中不同深浅、明暗的粉搭配在一起时，会让整个人看上去非常柔和，给人留下甜美、年轻、文静、温馨的印象。

2. 近似色搭配

近似色是指两个比较接近的颜色的搭配，如红色与橙红或紫红相配，黄色与草绿色或橙黄色搭配等。例如，绿色和嫩黄色搭配，给人以春天的感觉，非常安静素雅，有一股淑女的恬静味道。

3. 对比色搭配

对比色是指两个颜色的配合形成鲜明的对比，如红色与绿色、蓝色与橙色。对比有两种，一是色彩对比，二是明度对比。服饰上用得比较多的是明度对比，即一个深颜色与一个浅颜色的色彩进行搭配。两个颜色之间的对比大时，凸显张扬、个性的印象，反之则显得内敛。对比搭配需要考虑肤色、个性与场合。这是所有配色技巧中比较难的一种搭配方法。在对比色中，黑色与白色的搭配是永远的经典，也是最保险的搭配，怎么搭配都不会错。

4. 无彩色的搭配

在日常生活中，黑、白、灰为无彩色系，我们常看到的是黑、白、灰与其他颜色的搭配。它们无论与哪种颜色搭配，都不会出现大问题。一般来说，彩色与白色搭配时，会显得明亮；彩色与黑色搭配时就显得昏暗。因此，在进行服饰色彩搭配时应先衡量一下，你想突出哪个部分的衣饰。例如，在对黑色进行搭配时，不要把深沉的色彩与黑色搭配，如不要把深褐色、深紫色与黑色搭配，它们会和黑色造成抢色的后果，令整套服装没有重点，而且服装的整体也会显得很沉重、昏暗无色，给人留下没有精神、病态的印象。

幼儿教师服饰的色彩搭配应该是明快的、温暖的。研究表明，儿童乃至青少年，对明快、温暖的色彩特别感兴趣，所以白、苹果绿、柠檬黄、天蓝、粉红、湖蓝、橘黄等颜色是女教师的首选，它有利于吸引幼儿的注意力，增加对幼儿的亲和力，激发幼儿积极、愉悦的心理情感，促进幼儿心智的发展。相反，灰暗、呆板的颜色会使幼儿反应迟钝、心生困倦。

开阔视野

“四季色彩理论”是当今国际时尚界十分热门的话题，给世界各国女性的着装带来了巨大的影响，四季色彩属性与适合服装颜色的搭配（如表 3-2-1 所示）也对我们进行形象的科学设计和定位有了很大的帮助。

表 3-2-1　四季色彩属性与适合服装颜色

色彩属性	春	夏	秋	冬
红色系中可选颜色	清新的橙红	清新的正红	橙红	正红
粉红色系中可选颜色	清新的珊瑚色、浅杏桃色、浅鲑肉色	所有粉红色系	珊瑚色、杏桃色、鲑肉色	桃红、鲜艳的粉红、冰粉红
橙色系中可选颜色	清新的橙色系	无	所有的橙色系	无
黄色系中可选颜色	清新的柠檬黄，柔和的带金黄色调的黄	粉彩的柠檬黄	所有带金黄色调的黄	正黄、冰黄
棕褐色系中可选颜色	任何浅且柔和的棕褐色系，如淡棕色、骆驼色、金褐色	带玫瑰色或烟灰色的棕褐色系，如可可色、灰褐色	所有的棕褐色系	黑褐色
绿色系中可选颜色	清新的黄绿色系	各种不鲜艳的蓝绿色系	浓郁的暖绿色，如黄绿色、橄榄绿、杉叶绿	正绿、鲜艳的蓝绿、深绿、冰绿

续表

色彩属性	春	夏	秋	冬
蓝色系中可选颜色	各种清新的蓝、紫蓝	任何蓝色，只要不过于鲜艳	浓郁的紫蓝、绿蓝	任何鲜艳的蓝，如正蓝、宝蓝、水蓝、冰蓝以及海蓝
紫色系中可选颜色	清新的、偏黄的紫色系	粉紫、淡紫、不鲜艳的紫	浓郁的、偏黄的紫色系	任何鲜艳的紫，如冰紫
黑色系中可选颜色	可将黑色作为点缀色	烟黑色	铁灰色	黑色
白色系中可选颜色	牛奶白、较浅的象牙白	牛奶白	任何带有黄调的白，如象牙白、米白色	纯白
金色系中可选颜色	亮金色	无	所有的金色	无

四、配饰礼仪

配饰指能起到装饰点缀作用的首饰。女教师的配饰种类很多，如帽子、发卡、耳环、项链、围巾、胸针、胸花、手表、手链、手镯、腰带、手袋、手套、戒指、脚链等，眼镜也是很重要的饰品，而男教师的配饰相对比较简单，主要有领带、皮带、手表、戒指等。配饰在服饰搭配中可起到画龙点睛的作用。教师在佩戴饰物时，不仅要求与其着装协调，体现个性，从而展现教师的品位与气质，还有一些职业的要求。

（一）配饰的原则

1. 整体协调的原则

在佩戴饰物时，要综合考虑交往对象、场合、心情、服饰风格等诸多因素，协调一致的搭配，恰到好处的点缀，才能达到配饰的美化效果。佩戴的饰物最好是与所穿服装同色系。

2. 数量适当原则

以少为佳。在佩戴多件首饰时，总量不应超过三件。

3. 同色同质的原则

若同时佩戴两件或两件以上的首饰，应使色彩一致、质地相同。

4. 扬长避短的原则

配合形体。充分正视自己的形体优缺点，使首饰的佩戴为自己扬长避短。如圆脸型的人适合戴长耳坠，使脸形显得长一些，而不适合戴大大的耳环。

5. 符合身份的原则

教师佩戴饰品要与教师身份相符合，因为教师对学生有示范性，所以不适宜佩戴太夸张、没品位，甚至会产生消极情绪、带来负面影响的饰品，如骷髅头、刀剑造型等饰品。

6. 安全原则

幼儿园教师的佩饰应该符合卫生和安全要求，便于教学活动的开展，不对幼儿的安全产生隐患。

（二）佩饰要求

1. 戒指

戒指又叫指环，它佩戴于手指上，男女老少皆宜。戴戒指时，一般讲究戴在左手上，而且最好仅戴一枚。在幼儿园一般不提倡戴戒指，如果非戴不可，一定要注意戒面要平整，避免在与幼儿接触时划破幼儿的皮肤。

2. 耳环

耳环的佩戴讲究成对使用，不宜在一只耳朵上同时戴多只耳环。不提倡教师在上班期间戴耳环、耳坠或耳钉。因为有些幼儿喜欢和老师讲悄悄话，在与老师亲密接触时，耳环的钩针就是个安全隐患。

3. 项链

女教师可以佩戴小巧的项链或挂饰，在一般情况下都应该隐藏起来，不要外露。一些较大的挂饰显然不适合在幼儿园佩戴，同时，胸针、胸花不允许在当班时间佩戴。

⑦ 乐学善思

请根据四季特点，为园所各设计一套春、夏、秋、冬的运动园服，以图片形式呈现，并写出设计思路提交给老师。

任务三　仪态礼仪

任务目标

了解幼儿教师仪态礼仪中站姿、坐姿、走姿、蹲姿的基本要求，以及这些礼仪姿势的类型与禁忌。

任务阐述

仪态礼仪中的每一项礼仪学习对于一个人的优雅气质和良好精神面貌塑造都很重要，因此，学生在学习过程中要将理论和实践结合，按照每项礼仪的正确要求亲身体验，并在实际生活中对自己的仪态严格要求，提高礼仪意识。

新知学习

仪态就像是一面展现涵养的镜子

幼儿园正在招聘幼儿教师，这天来了两个面试者，一个是刚毕业的大学生，没有任何经验，一个是已有多年幼儿教学经验的幼儿教师。面试过后，大学生的表现略显青涩，幼儿教师则是经验丰富，但最后园长留下了刚毕业的大学生。大家都很不解，便问园长为什么要选择大学生，园长说："这个孩子站得笔直，看起来精神抖擞，坐着的时候也一直端端正正的，很有礼数，递简历都是双手递上。而幼儿教师站着的时候弯腰驼背，坐下不久腿脚就开始乱动，递简历时也是直接摔在桌子上，虽然他经验丰富，但是，他的行为举止没有修养。大学生虽然没有经验，但我相信他是一个有诚心、有毅力的人，以后会越来越优秀的。"

仪态是指人们身体所呈现出的各种姿态，包括站姿、坐姿、蹲姿、走姿、手势等。仪态是反映一个人涵养的镜子，也是构成一个人外在美好的主要因素。幼儿教师是幼儿学习的榜样，更应该时刻注意自己的言行举止，做到文明、优雅、敬人，以良好的形象和规范的行为去感染、引导、培育幼儿。

一、站姿礼仪

"站如松，坐如钟，行如风，卧如弓"，这是我国古代人对人体姿势的要求。站有站相，它是人们平时经常采用的一种表态造型，又是其他各种静态或动态的身体造型的基础和起点。良好的站姿能衬托出美好的气质和风度，能全面体现一个人的精神面貌。幼儿园教师应该掌握规范的站姿，养成良好的行为习惯。

（一）站姿的基本要求

站姿的基本要求

1. 头

头正，头顶要平，双目平视，下颌微收，面带微笑，动作平和自然。

2. 肩

肩平，肩部放松，稍向下沉，身体有向上的感觉，呼吸自然。

3. 躯干

躯干挺直，收紧腹部肌肉，提臀，挺胸，立腰。

4. 双臂

双臂自然下垂或两手搭放于体前，两臂下垂时，要使双手中指贴于裤缝或裙缝处，手指自然弯曲。

5. 双腿

双腿绷直、膝盖内侧夹紧，两脚跟并拢，脚尖分开约成 60°，身体重心放在两脚之间。

（二）常用站姿类型

常用站姿类型

1. 标准站姿

大小腿并拢直立，脚跟靠拢，脚尖分开呈“V”字形夹角，保持在 45°～60°，提髋立腰，吸腹收臀，挺胸抬头，下颌微收，双目平视，两手自然下垂。男女教师均可采用这种站姿。如图 3-3-1 所示。

图 3-3-1 标准站姿

2. “丁”字步站姿

教师须做到头正，双目平视，下颌微微上抬，面部表情放松。同时，双肩自然下沉，两臂自然下垂，收腹、立腰、提臀，身体重心向上，有节奏地呼吸。将左脚跟靠于右脚内侧中部的位置，两脚尖分开约 45°。一般这种站姿更适合女教师。如图 3-3-2 所示。

图 3-3-2　“丁”字步站姿

3. **分腿式站姿**

教师须做到头正，双目平视，下颌微微上抬，面部表情放松。臂自然下垂，收腹、立腰、提臀，身体重心向上，有节奏地呼吸。两腿分开，距离与肩同宽。这种站姿一般更适合男教师。如图 3-3-3 所示。

图 3-3-3　分腿式站

4. **体前握手式站姿**

教师须做到头正，双目平视，下颌微微上抬，面部表情放松。同时，双肩自然下沉，两臂自然下垂，收腹、立腰、提臀，身体重心向上，有节奏地呼吸。两脚跟靠拢，脚尖展开在45°～60°，双手四指并拢交握于体前。一般男教师左手在上，女教师右手在上。如图 3-3-4 所示。

图 3-3-4 体前握手式站姿

开阔视野

站姿在一定程度上反映了一个教师的精神面貌和对课堂的投入程度，因而教师的站姿在稳重之中还要显出活力，日常也可以结合一些方法进行站姿的练习。站姿训练方法如下表 3-3-1 所示。

表 3-3-1 教师站姿训练的四种方法

训练方法	训练要求
五点靠墙法	背墙站立，脚跟、小腿、臀部、双肩和头部靠着墙壁，以训练全身的控制能力。
头上顶书法	站立者按基本动作要领站好后，在头上顶本书，努力保持书在头上的稳定性，以训练头部和身体的控制能力。
双腿间夹纸法	站立者两腿并拢，在两腿之间夹上一张纸，保持纸不松、不掉，以训练全身的控制能力，这种方法尤其可以帮助女教师养成站立时不分腿的好习惯。
对镜训练法	面对镜子，检查自己的站姿及整体形象，看是否歪头、斜肩、含胸、驼背、弯腿等，发现问题及时调整。
注意事项：每次站姿训练的时间不少于 20 分钟，训练时，最好配上节奏感强、欢快、能调动人体内在活力的音乐，这样可以缓解疲劳，提高训练效果。	

（三）站姿的禁忌

（1）应避免身体歪斜，弓腰驼背。这样的仪态不仅会影响个人身体健康，也会给人颓废消极、无精打采的不良印象。

（2）应避免将手插在衣袋、双手抱于胸前、双手叉于腰间、双手抱于脑后等姿势。这样的动作往往会传递出一种疏远、傲慢、难以亲近、拘谨的感觉。

（3）站立时，避免双脚间距过大，避免抖腿、点地等不雅的动作。

二、坐姿礼仪

坐姿是指人在就座后所呈现的一种姿势。端正规范的坐姿不仅有利于身体健康，还能体现一个人良好的修养素质，提升整个人的气质风度。坐姿礼仪是指在入座、坐定、离座的过程中，头、肩、手、脚的动作符合礼仪规范。

（一）坐姿基本要求

坐姿基本要求

（1）入座时，要轻、稳。走到座位前面转身，右脚后退半步，左脚跟上，然后轻稳地坐下。如果是裙装，在入座时应当顺势整理一下裙子，使裙子后面保持平整，然后落座。

（2）入座后，上体自然挺直，挺胸，双膝自然并拢，双腿自然弯曲，双肩平整放松，双臂自然弯曲，双手或掌心向下相叠、相握，置于一侧大腿近 1/3 处，或双手自然放在双腿上或椅子、沙发扶手上，掌心向下。头正、嘴角微闭，下颌微收，双目平视，面容平和自然。

（3）坐在椅子上时，应坐满椅子的 2/3，前不能贴桌边，后不能紧靠椅背，上体与桌椅均保持一拳左右的距离。

（4）离座时，要自然稳当。起立时，右脚后收半步，而后站起。离开时，再向前走一步，自然转身离开。离座时，也要讲究礼貌。首先，要注意离座的先后，应先让身份高、辈分大者先离座；然后，要注意起身的动作轻缓，不可猛起猛出，尽量不要发出声响，尤其在图书馆、会场等公共场所；之后要注意离开的方位，同入座一致，要坚持“左进左出”，出入如一；最后，要站定再走。

（二）常用坐姿类型

1. 标准式

常用坐姿类型

教师入座时，通常应做到头正，嘴角微闭，下颌微收，脖子挺直，双目平视，面容平和自然，双肩平整放松，身体端正舒展，重心垂直向下或稍微向前倾，腰背自然挺直，双腿自然弯曲，双膝靠拢，双脚并拢平放于地面，脚尖正对前方，双臂自然弯曲，双手分别放于左右膝盖上或叠放于双腿间。男教师可将膝盖分开，与肩同宽。如图 3-3-5 所示。

图 3-3-5　标准式坐姿

2. **双腿侧点式**

在标准式的基础上，双腿向左侧伸出半步，前脚掌着地，两膝靠拢正对前方，双手叠放在双腿间。如图 3-3-6 所示。

图 3-3-6　双腿侧点式坐姿

3. **双腿交叠式**

这种坐姿从正面看，双腿上下交叠，叠放在上的脚的脚尖应垂向地面，或收于另一脚小腿后而脚尖垂向地面，两腿交叠呈一条直线。双脚可根据座椅的高度选择自然斜放或垂放。穿裙子的女教师可以采用此种坐姿，但要避免手抱膝盖，因为这样会导致上身含胸驼背，看起来不太雅观。如图 3-3-7 所示。

图 3-3-7　双腿交叠式坐姿

（三）坐姿禁忌

（1）忌仰头靠在座位背上或是低头注视地面，左顾右盼或闭目养神也是不礼貌的行为。

（2）忌身体歪斜，不允许坐定后上身前倾、后仰、歪向一侧或趴向前方、两侧。

（3）忌双手端臂，抱于脑后或抱住膝盖等行为，双手应尽量减少不必要的动作。身前有桌子时，不要将肘部支于桌上或双手放在桌下。

（4）忌腿部失态，如双腿叉开过大、抖动不止、架在其他地方、小腿搭在大腿上、长伸腿等。

（5）切勿在坐定后将脚抬得过高，以脚尖指向他人，或是让对方看到鞋子。

（6）忌坐幼儿的桌子，忌入座或离座声响过大。

三、走姿礼仪

走姿是指人们在行走的过程中所形成的姿势。教师的走姿礼仪是指教师在行走的过程中，头、肩、腰、手、脚的姿态符合礼仪规范。幼儿园教师的行姿要体现自信、阳光、大方、稳健的精神面貌，给幼儿做好示范作用。

（一）走姿的基本要求

1. 身体状态

教师在行走的过程中，应保持头正、颈直、下颌微收，双眼平视，挺胸收腹，上身挺直，重心稍向前倾，使全身看上去形成一条直线。

2. 手臂摆动

行进过程中，保持手臂的前后摆动，摆动时以肩关节为轴，大臂带动小臂自然前后摆动，通常前臂摆动 30°，后臂摆动 15°。摆动时，手臂要向前摆动，不可双臂横摆或者一前一横式的摆臂。

3. 步幅适宜

步幅是指行走时两脚之间的距离。一般而言，男教师的步幅应该为一脚半，而女教师的步幅为一脚。此外，步幅的大小也与着装息息相关，男教师在穿着西装时，步幅可以稍微大一些，而女教师在穿着连衣裙、高跟鞋时，步幅应该小一些。

4. 直线前进

女教师在行走时，脚尖略开，脚跟先接触地面，依靠后脚跟将身体的重心推送到前脚脚掌使身体前移，两脚跟落在一条直线上。男教师在走路时，两脚内侧着地的轨迹不在一条直线上，而是在两条平行直线上，脚尖可以微微外展。与此同时，要克服身体在行进中的左右摇摆，使得身体保持直线前进。

5. 步速适中

教师在行进的过程中，行进速度应在每分钟 100 ～ 110 步。应保持速度均匀，富有节奏感，不要步速忽快忽慢、步度忽大忽小。

6. 身体协调

教师在走路的过程中，应该保持身体各个部位的动作协调一致，抬头挺胸，走动时，要脚先着地，膝关节在脚部落地时要伸直，腰部成为重心移动的轴线，双臂在身体两侧前后摆动。

（二）常用走姿类型

常用走姿类型

1. 平行步

两脚朝前走，呈两条平行线。在社交场合，男教师要体现自己的绅士风度，走平行即可。

2. 柳叶步

行走时，两脚交替行走，两脚跟在一条直线上，双脚尖各自向左右斜前略微分开。女教师为了体现形体美，在社交和工作中常用柳叶步。

3. 侧行步

一般用于引导来宾或在较窄的走廊与人相遇时。当走在前面引导来宾时，要尽量走在客人的左前方，髋部朝前行的方向，上身稍向右转体，左肩稍前，右肩稍后，侧身向着来宾，保持两三步的距离。在较窄的路面与人相遇时，要面向对方，以示礼貌。

4. 后退左右转身步

在行进中当后退向左（右）转体走时，以左脚先退为例，要在退两步或四步时，赶在右（左）脚掌为轴心时，向左（右）方向转身 90°，再迈出左（右）脚，继续往前方走出。

开阔视野

女性的动态美，可以在行走姿势上体现。拥有流云般优雅的步姿可以彰显女性高雅、温柔、端庄的气质。优雅的走姿可以通过一些方法进行训练，训练方法如下表 3-3-2 所示。

表 3-3-2　优雅走姿的训练方法

训练内容	训练要求
步态基本训练	头顶一本书，以标准走姿行进，视线落在前方 4 米处，转弯平稳。
修正步位步幅	在地面画一条 5 厘米宽的线带，在线带上做一脚长的标记。行走时，两脚内侧落在这条线带上，步幅不要超过标记。
修炼步频气质	和着合适的音乐节拍行走，练习节奏感，面带微笑，体会音乐的意境，提升优雅动人的气质。

（三）走姿禁忌

（1）忌身体摇摆。行走时晃肩摇头，上体左右摆动，显得人特别慵懒、轻薄。

（2）忌“内、外八字步”。

（3）忌弯腰驼背，含胸弓背，低头无神，步履蹒跚，给人特别压抑、没精神的感觉。

（4）忌双手乱放。如把手插在衣服口袋里，双手叉腰，或倒背着手走路。

（5）忌与多人走路时勾肩搭背、奔跑蹦跳、大声喊叫等。

（6）忌拖泥带水。双脚不可在地上抬不起来，也不可重如打锤，脚步应干净利索。

★ 传统文化知多少

行走之礼

古人在行走过程中也注意人际关系的处理，故有行走之礼。古代常行“趋礼”，即地位低的人在地位高的人面前走过时，一定要低头弯腰，以小步快走的方式对尊者表示礼敬，这就是“趋礼”。

行走礼仪中，还有“行不中道，立不中门”的原则，即走路不可走在路中间，应该靠边行走，站立不可站在门中间。这样既表示对尊者的礼敬，又可避让行人。

四、蹲姿礼仪

（一）蹲姿的基本要求

（1）下蹲拾物时，应自然、得体、大方，不遮遮掩掩。两腿合力支撑身体，避免滑倒。

（2）下蹲时，上身应保持挺拔姿势，使头、胸、膝关节在一个角度上，使蹲姿优美。

（3）女教师无论采用哪种蹲姿，都要将腿靠紧，臀部向下，避免弯腰翘臀的姿势。若用右手捡东西，可以先走到东西的左边，右脚向后退半步后再蹲下来。脊背保持挺直，臀部一定要蹲下来，起身时直起。

（二）常用蹲姿类型

1. 高低式蹲姿

这个姿势的特点是：双膝一高一低。下蹲时，双腿不并排在一起，而是左脚在前，右脚稍后。左脚应完全着地，小腿基本上垂直于地面；右脚则应脚掌着地，脚跟提起。此时，右膝低于左膝，右膝内侧可靠于左小腿的内侧，形成左膝高、右膝低的姿态。臀部向下，基本上用右腿支撑身体。男教师在采用高低式蹲姿时，可以适当分开双腿，右腿屈膝跪地。女教师在采取这样的姿势时，应该注意将双腿靠拢，臀部向下，以保证动作的优雅，同时，避免不必要的尴尬。如图 3-3-8 所示。

高低式蹲姿

图 3-3-8　高低式蹲姿

2. 交叉式蹲姿

此姿势通常适用于女教师，尤其是穿着短裙的女教师，它的基本特点是造型优美典雅。以右脚在前交叉式为例，其基本特点是蹲下后双腿交叉在一起。基本要求是：下蹲时，右脚在前，左脚在后，右小腿垂直于地面，全脚着地；左膝由后下方伸向右侧，左脚跟抬起，并且脚掌着地，呈现出右腿在上、左腿在下，二者交叉重叠，两脚前后靠近，双腿合力支撑身体，上身略向前倾，臀部朝下。如图 3-3-9 所示。

交叉式蹲姿

图 3-3-9　交叉式蹲姿

3. **半蹲式蹲姿**

半蹲式蹲姿多在行进中拾物、取物时采用，基本特点是身体半立半蹲。基本要求是：在下蹲时，上身稍许弯下，但不宜与下肢构成直角或者是锐角，臀部向下，双膝略微弯曲，其角度根据需要可大可小，但一般为钝角，身体的重心应该放在一条腿上。如图 3-3-10 所示。

半蹲式蹲姿与半跪式蹲姿

图 3-3-10　半蹲式蹲姿

4. **半跪式蹲姿**

半跪式蹲姿又叫作单跪式蹲姿。它是一种非正式的蹲姿，更多用于下蹲时间较长，或者为了省力的情况。它的特征是双腿一蹲一跪。其要求是：下蹲后，改为一腿单膝着地，臀部坐在脚跟上，而以其脚尖着地；另一条腿则应当全脚着地，小腿垂直于地面：双膝应同时向外，双腿应尽力靠拢。如图 3-3-11 所示。

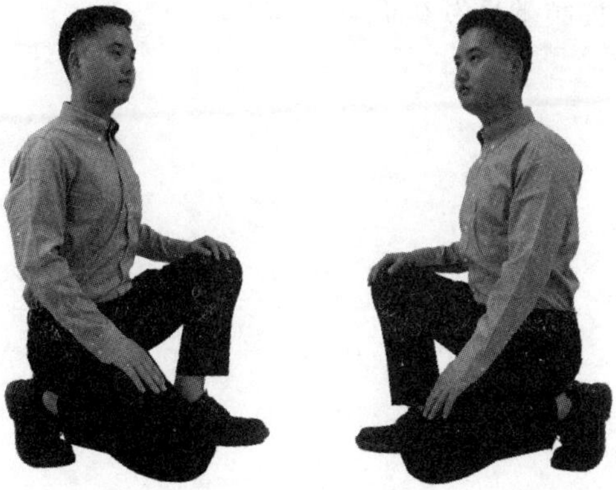

图 3-3-11　半跪式蹲姿

（三）蹲姿禁忌

1. 忌突然下蹲

除特殊的活动要求外，下蹲的速度不应该过快，尤其是在行进的过程中，因为突然下蹲会给人毫无防备、不礼貌的感觉。同时，下蹲速度过快可能会吓到幼儿或者引起幼儿不必要的关注。

2. 忌距人过近

下蹲时，要与身边人保持一定距离，避免自己的动作影响他人。与他人同时下蹲时，更需要保持距离。

3. 忌方向不当

在其他人身边下蹲时，要侧身对着对方。面朝他人蹲下往往会使得他人尴尬、不知所措，而背对他人下蹲，则会给人一种不礼貌、不受尊重的感觉。

4. 忌毫无遮掩

教师若穿着领口较大、上衣较短的衣物下蹲时，一定要注意遮掩，避免因为下蹲而带来不必要的尴尬。

5. 忌弯腰撅臀

下蹲时，一定不要有弯腰撅臀动作，同时，切忌两腿叉开或两腿展开，这样的动作不够美观。在下蹲时，还要避免露出内衣、内裤等不雅的行为。

⑦ 乐学善思

幼儿园举行教师招聘会，招聘园长故意在会场地板上丢下一张废纸，如果你是参加面试的一名老师，你会怎么做呢？请运用正确的仪态礼仪来还原场景处理问题，并请小组成员参与现场模拟的评价，将评价结果填写在下面方框中。

现场模拟评价：

任务四　体态语礼仪

任务目标

1. 了解幼儿教师体态语礼仪中的微笑原则、眼神的内涵及运用方法。
2. 了解手势语的基本要领、含义、常用的手势语类型和手势禁忌。

任务阐述

微笑、眼神、手势语是幼儿教师与幼儿互动时经常使用的体态语，幼儿教师掌握正确的体态语礼仪并合理运用，能提高师幼之间有效的互动。所以，学生在学习过程中要认真理解每一板块内容，尝试在特定的场合实践运用，亲身体会体态语礼仪的作用。

新知学习

不可忽视的体态语

最近园长收到了许多关于小雨老师的反馈信件，家长都说自己的孩子最近很怕老师，不爱去幼儿园，一到早上去幼儿园的时候就哭哭啼啼。园长也不解，小雨老师是个爱说爱笑的人，幼儿们怎么会怕她呢？园长去找小雨老师了解情况，这才知道，小雨老师为了让幼儿们听话，就故意每天板着脸，背着手，用严肃的眼神看着他们。幼儿们每天看到一张面无表情的脸，都不敢和小雨老师亲近，加上小雨老师最近总是呵斥他们，所以都害怕她。小雨老师知道家长的反馈后，感到非常惭愧，觉得自己不应该用这种方法来教导幼儿们，并保证以后一定要避免。

体态语是教育教学工作中不可缺少的组成部分，是指教师以身体动作来传递信息、交流感情、表示某种意义的信息系统，主要包括面部语、手势语、身体动作等几个方面。幼儿会通过教师的体态语捕捉信息，一个鼓励的眼神、一个亲切的微笑、一个形象的手势，就能让幼儿感受到被尊重，感受到被关爱，对教师产生信任感，更愿意与教师接近，对幼儿园生活充满向往。体态语是神奇的，我们应该发挥它的积极作用。

一、微笑

微笑，是世界上最美丽的语言。当你微笑时，世界便爱上了你。微笑是一种世界语、通用语，不分国别、种族和年龄。我们可能听不懂对方的语言，但都能理解对方微笑中蕴含的热情和友善。当你对别人微笑时，你就变成了一个带给别人好心情的天使，让所有见到你的人在生活中立刻洒满阳光。可见，微笑既可以愉悦自己，又可以愉悦他人，是我们和孩子、家长、同事交往中不可缺少的礼节。当然，在微笑时也应把握一些原则。

1. 真诚

微笑最重要的是真诚和自然，只有发自内心的笑，才会给幼儿以亲切、和蔼、可信的感觉，幼儿才愿意亲近。所以，真诚的笑应该是口到、眼到、心到、意到、神到、情到，是五官协调的笑。

2. 得体

微笑的基本特征是笑不露齿、笑不出声，既不刻意掩盖笑意，也不可无所顾忌地哈哈大笑。幼儿园教师的微笑要神态自然、得体，才能向幼儿传递温馨和亲和，才能充分表达老师的友善、诚实、关爱等美好的情感。

3. 适宜

微笑固然重要，但也应注意场合。例如，在别人悲伤、说错话、做错事时，不宜笑。

开阔视野

微笑使我们有吸引力；微笑能改变我们的心情；微笑可以减压；微笑可以美容，让你看起来更年轻；微笑可以让你看上去是成功的；微笑能让你保持积极。学会微笑非常重要，微笑的训练方法如下表 3-4-1 所示。

表 3-4-1　微笑的训练方法

训练方法	训练要求
对镜训练法	站在镜子前，以轻松愉快的心情，调整呼吸至自然顺畅。静心 3 秒钟，开始对着镜子自然地说："E""茄子"。双唇稍展开，使嘴角微微翘起，面部肌肉舒展开来。同时，注意眼神和肢体语言的配合，使之达到眉目舒展、自然大方、和蔼可亲的微笑面容。如此反复多次。
含箸法	道具是选用一根洁净、光滑的圆柱形筷子横放在嘴中，用牙轻轻咬住，以观察微笑状态。挑选出满意的笑容，并经常练习保持这种微笑。
观摩欣赏法	观摩欣赏法是指几个人在一起互相观摩、议论、互相交流、互相鼓励、互相分享开心微笑的一种方法。也可以在平时留心观察他人的微笑，把精彩的"镜头"封存在记忆中，时时模仿。

二、眼神

安斯蒂曾说："眼睛是内心的索引。"这是因为眼睛是表情达意的重要感觉器官。心理学研究也表明，人的视线活动概括了 70% 的体态语表达领域，这里的视线活动就是指眼神。在教学活动中，眼神也被称为目光语，是教师经常采用的一种非语言性交流方式。教师科学而艺术地运用眼神，不仅能更好地表达情感，还能辅助教学的开展，提高教学的效果。

（一）幼儿教师眼神的内涵

1. 鼓励性

鼓励教育可以帮助幼儿增加自信心，有益于幼儿自我价值感的建立。上课时，一些胆小的幼儿羞于举手，教师可以用鼓励性的眼神看着他，让他有勇气举手回答问题。幼儿心理比较敏感，如果有教师的鼓励，他们会变得更大胆，敢于挑战自己。

2. 赞许性

幼儿取得每一点进步，或付出相应的努力时，教师给出一个赞许的眼神，幼儿往往能够理解眼神的含义，继续取得更大的进步。赞许幼儿，肯定他们的表现，能让幼儿为了再次获得表扬，延续好的习惯，纠正不良的行为。

3. 提示性

提示性眼神，也称暗示性眼神，不同于责备性眼神，责备会伤害幼儿的自尊心，幼儿容易出现胆怯不安的情绪。提示性眼神在教育过程中运用较多，能启发幼儿思考问题，带动幼儿的自发性行为。当幼儿有注意力不集中的行为时，教师的眼神就是提醒；当幼儿犯下错误时，教师的眼神就是告诫。

（二）幼儿教师眼神的运用方法

1. 注视的视角

平视：即视线呈水平状态，也叫正视。一般适用于在普通场合与身份、地位平等之人进行交往。

俯视：是指目光向下注视对方，一般表示长辈对晚辈的宽容、怜爱，也有对他人表示轻慢、歧视。

仰视：是指目光向上看向对方，表示尊敬、期待的意思，大多适用于面对长辈时。

环视：即有节奏地注视身边不同的人和事物，通常表示认真、重视。主要适用于同时与多人打交道，以示“一视同仁”。

2. 注视的时间

教师在与学生、家长以及同事交流的过程中，一定要保持目光的接触。若目光躲闪、回避，会给他人一种不可信、不诚实以及不受尊重的感觉；同样，也不能长时间地注视他人，因为长时间的凝视会有一种威慑、蔑视的作用，给对方以被冒犯的感觉。

心理学家的研究表明，人们目光接触的时间一般为对话时间的 30% ～ 60%。若大于 60%，则表明对谈话对象本身的兴趣大于对谈话内容的兴趣；若小于 30%，则表示对谈话对象或内容不感兴趣、疲倦。

3. 注视的区域

教师与幼儿交谈时，注视的常规部位可以是幼儿的眼睛、额头、眼部至唇部，或是他的整个上半身。

与人交谈时，应注视对方，但目光应局限于对方上至额头、下至衬衣第二粒纽扣之间，左右以两肩为准的区域。通常允许注视他人的常规部位有以下几处：

（1）双眼：注视对方双眼，表示自己聚精会神、一心一意、重视对方，但时间不宜过久。

（2）额头：注视对方额头，表示严肃、认真、公事公办。这叫公务型注视，适用于公务活动中。

（3）眼部至唇部：注视这一区域是社交场合面对交往对象时所用的常规方法，因此也叫社交型注视。

三、手势

法国艺术大师罗丹说过，手是会说话的工具。在幼儿活动中，教师的手势语可以使语言更加生动、形象，富有表现力。手势语是指教师根据教学内容需要，通过手臂、手和手指的活动向幼儿传递信息和表达情感，增加有声语言的说服力和感染力，是幼儿园教育教学中运用最普遍、最典型的体态语。

（一）幼儿教师手势语基本要领

手位适当，自然大方。手和臂放松自如，不呆板，不拘谨，手的姿势和举止位置协调，切合教学需要。手势动作要和有声语言或其他身势语言协调配合，相辅相成。切忌对幼儿“指指点点”，切忌双手后背、交叉抱臂、用力敲桌等。

（二）幼儿教师手势语的含义

1. 指示手语

指示手语指教学中用于组织、指导幼儿学习的手语，一般用于维持教学纪律，引起幼儿注意。

学前儿童心理学表明，幼儿时期的记忆以表象记忆为主，许多教学内容如果只凭教师语言描述，很难在短时期内让幼儿记住。教师在传递信息时辅以手势语，可以帮助幼儿在回忆时借助生动形象的手势来联想有声的语言，从而牢固地记住学习的信息。例如，教师在提问时总是辅以举手的手势，那么经过一段时间后，幼儿便对教师“举手”这一手势语非常了解，出现这个动作时就会很自然地做出“举手发言”的反应。

2. 情感手语

情感手语是指教学过程中根据教学情景和氛围的需要，用以表达情感的手势语言。情感手语能强化教师表达的思想情感，进一步辅助师幼交流，营造积极愉快、和谐的课堂氛围。教育心理学表明，积极、主动、活泼的课堂气氛能使幼儿的大脑皮层处于兴奋状态，易于受到“环境助长作用”的影响，从而更好地接受新知识，并在新知识的基础上联想、综合、分析、推理，进行创造性的学习。例如，当幼儿答对问题后，教师竖起大拇指，幼儿会感到教师对他的赞赏，因而回答问题的积极性会大大增加。

3. 形象手语

形象手语指教师根据教学目的、内容的需要而运用的直观形象的手势语言。符合幼儿年龄特点的形象手语是幼儿园教学的有效手段。例如，在小班幼儿音乐活动中，幼儿教师结合所演唱的、有鲜明动物形象的歌曲，通过形象手语模仿出各种动物的姿势，能很好地激发幼儿的情绪。

（三）常用的手势语

常用的手势语有手指势语、手掌势语、手臂势语。

1. 手指势语

表 3-4-2　手指势语

手指势语动作	作用
竖起大拇指	表示称赞、钦佩
伸出小拇指	表示卑下、低劣、轻视
五个手指由外向里收拢	表示力量集中，事物相聚
五个手指向下用力收拢	表示控制、抓握
伸出食指	特指某人、某事物，表示命令、斥责
手指逐一屈或伸	表示计算数目、列数次第
大拇指与食指相捏	表示细小物体
右手四指相握，食指在空中画圆、直线、曲线或进行上下、左右、内外、快慢运动	表示事物的运动轨迹、过程或方向
两只手平握于胸前，两个食指在同一水平高度由外向内合拢	表示两个事物运动、贴合、碰撞

2. 手掌势语

表 3-4-3　手掌势语

手掌势语动作	作用
手掌向上伸，臂微屈	表示恭敬、请求、赞美、欢迎
手臂微屈，手掌向下压	表示反对、否定、制止
手掌挺直，用力劈下	强调果断的力量和气势
两手掌从胸前向外推出	拒绝或不赞成某种观点
两手掌由外向胸前回收	表示聚集、接受
两手掌由合而分，向上摊开	表示消极、失望、分散
两手掌由外向内，由分而合	表示团结、联合、亲密

续表

手掌势语动作	作用
单手掌向上前方冲击	表示勇往直前或猛烈进攻
两手掌向正上方推举	表示强大的力量和宏伟的气魄

3. 手臂势语

表 3-4-4　手臂势语

手臂势语动作	作用
摊开双手，向前上方展开双臂	它往往表示一种颂扬、称赞和讴歌光明与充满希望的积极情感
两只大臂自然下垂，小臂在胸前做左右、前后、上下运动	辅助有声语言进行指示，象征和强调说明，动作要求轻松自如、简洁明快、沉稳坚定、刚柔相济、动静结合
手臂交叉姿势，即双臂紧紧地交叉在胸前	如盾牌和防弹钢板形成一种防御屏障，增强自己的安全感
手臂紧紧交叉在胸前，而且双手紧握，伴随着咬紧牙关	暗示出一种更强烈的防御信号和敌对态度

（四）幼儿教师手势禁忌

第一，不要对学生指指点点，不要用手指指人，更不能对人竖中指。

第二，不可用拇指指自己，指向自己时，应掌心向内，拍在胸脯上。

第三，不可当人面做不雅动作，如掏耳朵、搔头皮、擦眼屎、抠鼻孔、剪指甲、挠痒痒等。

第四，不要用具有挑衅意味的动作，如食指伸直，做曲勾状动作。

第五，不要在交谈时指手画脚，手势过多、过大。

⑦ 乐学善思

幼儿教师职业一直备受社会关注，请你分别站在幼儿、家长和园方的角度来谈一谈幼儿教师形象应该是怎样的，并将你的观点形成电子文档或以纸质作业形式提交给老师。

任务五　实训活动——幼儿教师形象礼仪演示活动

活动目标：

通过故事比赛，在实践中正确运用幼儿教师形象礼仪，提高自己的职业素养和专业能力。

活动内容：

幼儿园举行讲故事比赛，你是一名参赛选手，请你用真诚的微笑、丰富的表情、流畅的语言、形象的身势语言、得体的形象礼仪为幼儿讲述《小红帽》的故事或其他的儿童故事。

活动准备：

可以根据自己的比赛内容，自行选择准备多媒体内容（PPT、音乐或其他）、助演，或一些简单道具。（注：多媒体文件、故事文本需提交给老师。）

活动步骤：

可以自选故事内容（需有正向的教育意义），根据故事内容设计得体的形象，在故事表演中正确运用对应的礼仪规范，并将方案设计写在下面方框中。

故事名称：

活动准备：

个人形象设计描述：

多媒体：

比赛总结：

项目评价表

序号	评价内容	分值范围	评价依据	自主评分
1	对此项目中仪容礼仪、仪表礼仪、仪态礼仪和体态语礼仪知识的掌握情况。	0～20分	将掌握情况及对内容的理解进行总结，并以电子文档或纸质形式提交给老师，再依据总结的内容情况评分。	
2	任务一、二中乐学善思环节的完成情况。	0～15分	根据提交的图片情况评分。	
3	任务三中乐学善思环节的参与情况。	0～15分	根据现场的情景模拟表现评分。	
4	任务四中乐学善思环节的完成情况。	0～20分	根据提交的观点表达情况评分。	
5	实训活动故事表演中的表演情况。	0～30分	根据现场表演情况进行评分。	
得分（总分100分）				

项目四　幼儿教师社交礼仪

学习起航

"谢谢"的力量

老师在批改作业时，不小心将笔掉在小强的桌下。老师对小强说："小强，老师的笔掉在你桌子下面了，请你帮老师捡起来，好不好？"小强很开心地说："老师，我帮你捡！"老师笑着对小强说："谢谢你啊，小强。"小强马上说："老师，不客气！"下课后，小强一副自豪的样子，看见同学就说："老师叫我帮她捡笔，还对我说了'谢谢'。"老师看到这一情形，没想到自己的一句"谢谢"能让孩子这么高兴。在以后的教学生活中，老师更加注重礼貌用语了。

礼仪在实施过程中，包含施礼者和受礼者的双向情感交流，充满着人情味，这种人情味最主要体现在施礼者与受礼者之间的互相尊重。

学习目标

知识目标：

1. 了解社交场合中见面礼仪的种类、使用方法和注意事项。
2. 了解往来礼仪的种类及注意事项。
3. 了解通信礼仪的种类及注意事项。
4. 了解中餐和西餐的餐饮礼仪和位次排列规则，了解西餐餐具的使用方法。
5. 了解涉外礼仪的原则。

能力目标：

1. 掌握社交场合中各种见面礼仪的使用方法和注意事项，并合理运用。
2. 掌握往来礼仪各个种类的内容及注意事项，并合理运用。
3. 掌握通信礼仪中各个种类礼仪的要求，并合理运用。
4. 掌握中、西餐的餐饮礼仪和位次排列规则，学会正确使用西餐餐具。
5. 掌握在涉外活动中需遵守的原则。

素质目标：

1. 具备正确的社交礼仪素养，在社交场合树立良好的个人形象。
2. 提高个人修养与素质，增强职业荣誉感。

任务一　见面礼仪

任务目标

1. 了解见面礼仪中礼貌用语、称呼、致意、握手和介绍礼仪的内容。
2. 掌握各个见面礼仪实际运用时的注意事项。
3. 学会根据不同的情境选择正确的见面问候方式。

任务阐述

人际交往是人们日常生活中最重要的活动，本任务详细地介绍了与人见面的各种礼仪。为了使自己拥有良好的交际形象，学生学习时应认真对待并掌握各类见面礼仪规范要求，提高自我修养和礼仪意识。

新知学习

礼仪无小事

张健是一位有着多年教学经验的老教师。最近，幼儿园来了一位新主任，叫王艳。张健每次看见王艳的时候都不知道怎么打招呼，她看起来并没有自己大，而且据说她的工作年限也没有自己时间长。张健碍于面子，一直不像别人一样叫她王主任或王姐，在必须说称谓时，张健就直接叫王艳。王艳虽然没有说什么，但是，与他相处并不像与其他人那样热络。在平时的教师活动中，王艳也更加照顾那些爱与她打招呼的人，对张健始终差一些。

荀子说："人无礼则不立，事无礼则不成，国无礼则不宁。"我国是历史悠久的文明古国，注重文明礼貌是我们的优良传统，文明礼貌也是人际关系中大家互相关心、互相尊重等友好关系的体现，而日常交往礼仪是帮助我们认识、把握、利用和改造人际关系的主要工具和手段。

不同的文化背景下和社交环境中，人们所使用的见面礼是不同的。幼儿教师在工作之余，总会参加各种社交活动，为了使自己拥有良好的交际形象，幼儿教师应该熟练掌握和运用日常交往礼仪，使自己成为一个品德高尚的人。

一、礼貌用语

礼貌用语是人与人之间表达尊重的最直接的方式，恰到好处地使用社交礼仪用语，能使其行为举止给人们留下美好的印象，有助于人们获得交往活动的成功。

1. 问候语

一般而言，问候语指"你好"，有时也可采用时效性问候，如"早上好""周末好""节日快乐"等。时效性问候显得独具特色和更加专业，无论是对外来的客人，还是自己的同事、领导，都应该礼貌问候。

对于幼儿而言，幼儿教师主动问候幼儿，会增加幼儿对幼儿教师的信任感和亲密感。

2. 欢迎语

欢迎语是我们在一些特定的场合或活动中对到来的朋友表示热烈欢迎的用语，在座谈会、宴会、酒会等场合经常会用到。中国有句古话“有朋自远方来，不亦乐乎”，所以欢迎语应当有一种愉快的心情，言辞用语务必富有激情，表现出致辞人的真诚。

对于幼儿来说，欢迎语可以消除幼儿刚入园时的紧张感与陌生感，使幼儿尽快融入新环境中。

3. 致谢语

致谢语主要是对帮助过自己的人表示感谢。致谢语要表达出真切的谢意，在表达谢意的同时表达出对对方的赞赏，并对对方的行为进行赞扬，如“非常感谢，您真了不起”。

幼儿教师经常使用致谢语，可以使幼儿尽快学会使用“谢谢”，使其在日常生活中更加懂礼貌。

4. 道歉语

当打扰、妨碍、怠慢他人时，应主动向对方说“抱歉”或“对不起”。在使用抱歉用语的时候，应认真地说，这也是一种基本的礼貌和教养，如“对不起，打扰了”“对不起，请稍候”等。

学会使用道歉语，可以消除幼儿之间的矛盾，营造和谐的课堂氛围。

5. 道别语

与对方告别时，要主动向对方说“再见”“保重”或“慢走”。接待客人无论中途或最后的效果怎样，告别时都应牢记使用道别语。

道别是幼儿离园与接待客人的最后一个环节，如果忽视了这一环节，前面的努力就会大打折扣。

6. 请托语

请托语指当你向他人提出某种要求或请求时应使用的必要语言。当你向他人提出某种要求或请求时，一定要“请”字当先，而且态度语气要诚恳，如“有劳您了”“拜托您，请帮个忙”“让您费心了”等。

在活动中，幼儿教师适当使用请托语，可以增加幼儿的积极性。

7. 征询语

征询语是主动询问对方的需求和意见，以示关心和尊重的礼貌用语，如“请问我能为您做些什么吗”“请问您还有什么别的事情吗”等。这些话都表示出对他人的关心和尊重。在幼儿园中，幼儿教师使用征询语表达对幼儿的关心，更容易让幼儿接受。

8. 礼赞语

礼赞指对某事物或某人的赞美。社交活动中，欣赏与被欣赏、赞美与被赞美是一种互动的力量之源，赞美者必须具有愉悦之心、仁爱之怀、成人之美的善念；被赞美者会产生自尊之心、奋进之力、向上之志。因此，学会赞美是社交礼仪的一种要求。

幼儿教师通过礼赞语表达对幼儿的欣赏与夸奖，幼儿通过礼赞语表达对教师的喜爱与尊敬。

二、称呼礼仪

人际交往，礼貌当先，与人交谈，称呼当先。称呼，即称谓，是在对亲属、朋友、同事或其他有关人员称呼时所使用的一种规范性礼貌语，准确的称谓能恰当地体现出当事人之间的隶属关系。称谓要表现尊敬、亲切和文雅，使双方心灵沟通、感情融洽，缩短彼此距离。合理地运用称呼，不仅是见面行礼的问候礼节，更是准确地表达尊重的方式。

（一）称呼礼的类型

1. 职务称呼

职务称呼常适用于工作场合同事间的称呼、下级对上级领导的称呼，是对上级尊重的体现。“姓氏 + 职务头衔”，如“张校长”“李园长”“刘经理”等；“姓名 + 职务”，如“张建校长”“刘伟经理”“杨锋市长”等。

在幼儿园里，教师对上级领导和部门领导的称呼应使用职务称呼，以示对其尊重，切忌在工作场合称兄道弟。

2. 职称学历称呼

对不同职业中有技术职称者，尤其是对具有高级职称或拥有博士学位者，在交往中可直接按对方的职称或学位进行称呼，“姓氏 + 职称”“姓氏 + 学历”，如“王教授”“张博士”等。

3. 行业称呼

行业称呼通常针对专业性较强的行业，不是很清楚对方姓氏时，会采用“老师”“医生”“护士”等行业特征来称呼，如“老师”“警官”“会计”“医生”等。

4. 姓名称呼

姓名称呼一般限于同事、熟人和朋友之间。主要称法有三种：一是直呼姓名，一般在年龄、职务相仿，好同学、好朋友、好同事之间常这样称呼，长辈对晚辈也可以这样做，但晚辈对长辈却不能这样。二是只呼其姓，不称其名，通常要在被呼者的姓前加上“老”“大”或“小”字相称，如“老马”“大李”“小张”。三是只呼其名，不称其姓，一般在关系极为亲密的同性朋友、熟人间或上级称呼下级、长辈称呼晚辈时使用，异性之间应慎用。

5. 常用统称

常用统称是指用“‘小’+ 姓氏”“‘大’+ 姓氏”“‘老’+ 姓氏”组成的称呼，如“小刘”“大秦”“老张”等，是适用于在公务活动中，或是单位里同事间习惯性的亲切称谓。

（二）称呼礼仪注意事项

第一，在公众场合的称呼不能太随意，不能太随性。

第二，忌称呼错误，如果不是很确定对方的信息，用“您”比较保险。

第三，忌使用不通行的称呼。有些称呼具有一定的地域性，如山东人爱称人为“伙计”，但在南方人听来，“伙计”是“打工仔”的意思；中国人将配偶称为“爱人”，而外国人将“爱人”理解为进行婚外恋的“第三者”。因此，使用不通行的称呼会产生很大的误会。

第四，称呼的语气要保持真诚谦和，语调要适中舒服。

三、致意礼仪

致意礼仪就是在遇到熟悉的人时向对方打招呼，以此来表示问候、尊敬之意。致意礼仪是在人们日常交往中使用频率最高的一种礼节。致意礼仪包括点头致意、挥手致意、脱帽致意、欠身致意等多种行礼方式，适用于各种场合，是最基本的一种礼节。

（一）致意礼仪的类型

1. 点头致意

适用于在会议、会谈进行中等不宜交谈的场所，或与相识者在同一场合见面，与仅有一面之交者在社交场合重逢，均可微笑点头向对方致意，以示问候。行礼方法是：微笑着注视对方，头向下微微一动，不可幅度过大或者点头不止，可伴有问候语言，如“您好”“下午好”等。

2. 挥手致意

多用于距离较远不方便而上前行见面礼节时，看见熟人又无暇分身时，或用于人数较多且时间仓促来不及一一打招呼握手时。行礼方法是：面带微笑，将右手手臂伸出，掌心向外，指尖向上，面向对方，手掌可静止不动，手臂带动手掌挥动几下即可。

3. 欠身致意

可用于对长辈、对重要的客人、对师长、对领导行礼。行礼方法是：面带微笑，注视对方，双手贴放于身体两侧或双手交叉置于腹前，上身以髋部为轴向前倾 15°～30°，可使用问候语言“您好”“下午好”等。在行礼过程中，目光始终落在对方的面部。

4. 脱帽致意

戴着帽子的人，在进入他人居所，路遇熟人，与人交谈、握手或行其他会面礼，进入娱乐场所，遇到升国旗、演奏国歌等情况下，要主动摘下自己的帽子。女士在社交场合可以不脱帽子。

（二）致意礼仪注意事项

1. 应讲究先后顺序

尊重女性的原则，男士应先向女士致意；尊长原则，年轻者向年长者致意，下级向上级致意等。另外，在实际交往中，不应拘泥于以上的致意顺序，尊者主动向晚辈、下级致意会更具影响力与风度，更能够引起受礼者的尊重与敬仰。

2. 应注意基本的举止礼貌

行礼过程中，把手插在衣袋里是不礼貌的；如果致意时正在吸烟，应将烟拿在手上，不可叼在口中向他人致意。

3. 应注意眼神与表情

在使用致意礼时，使用微笑的表情、真诚的眼神，还有“您好”这样的问候语，我们传递出的敬意之情会更真挚，更能打动人心。

4. 应注意距离

使用致意礼时，与对方应保持在 2 ～ 5m 的距离为宜，距离较远时，应采用挥手致意的方式。在行礼过程中不可大嚷大叫，特别是在公共场合。

四、握手礼仪

握手礼仪是交往中最常见的礼节，是人们在见面时表示致意、问候、祝贺、鼓励、感谢以及在辞别时道别的礼节。在施握手礼时，应掌握握手的姿势、握手的次序等要求，注意握手时的禁忌。

握手礼仪

1. 握手的姿势

施行握手礼时，两人的手掌都处于垂直状态，距受礼者约一步，上身稍前倾，伸出右手，双方手掌与地面垂直相握，时间约 3 秒，力度以不握疼对方的手为限度。同时，面带微笑，注视对方，问候示意。

在通常情况下，用右手单手与人相握是最常用的握手方式，它称为“平等式握手”，表示自己不卑不亢。也可双手相握，即用右手握住对方右手后，再以左手握住对方右手的手背，适用于亲朋故旧之间，表示故友重逢、认真慰问或者热情祝贺，不适用于初识者或异性。

2. 握手的次序

在正式的社交活动中，次序是体现身份、地位的重要交往规范。特别是在第一次见面时，如身份不对等，接待服务等交往中更应该遵循握手的次序。

（1）职务高、身份高者与职务低、身份低者握手，应由职务高、身份高者先伸手，后者迎握。

（2）年长者与年幼者握手，应由年长者先伸手，年幼者迎握。

（3）主人与客人握手，应由主人先伸手，客人迎握。

（4）女士与男士握手，应由女士先伸手，男士迎握。

3. 握手的注意事项

（1）在社交场合，异性之间握手要讲究分寸，通常握对方的手指根部即可，不可太浅，否则会有嫌弃对方的意味；不可太深或太重，否则会显得失礼。

（2）忌左手握、交叉握、戴手套握。左手握手是禁忌，除非是右手残疾或者是右手无法迎握才能使用左手。在人数较多的场合，握手一定避免交叉握，否则很不礼貌，应等待别人握完再握。除晚宴或者婚礼，女士着晚礼服、婚礼服，以纱手套作为配饰时，可以戴着手套握手，其余情况下都不能戴着手套握手。

（3）在与人握手时，不要将左手插入衣袋或裤袋里，不要东张西望、漫不经心，更不能心不在焉或与第三者谈话，不要拒绝与任何人握手。

（4）忌用力过大，久握不松。握手的力度掌握在使对方感受到力量就好，不能用力过猛，以免造成骨骼伤害或有挑衅之嫌。

（5）忌握手时掌心汗湿、冰冷或有异物。如果手部有污渍不方便握手，可举手示意对方，同时，以微笑问候礼配合语言代替。

开阔视野

其他几种见面礼

1. 拱手礼

拱手礼是我国传统的见面礼，我国古代将其称为长揖。由于它简便易行，极富情感色彩，故沿用至今。行礼方式是双手相抱握于胸前，在注视对方的同时，将拱起的手向对方的方向轻轻摇动。若要向对方表示谦恭和尊重，还可将双手向上抬，直到与额同高。

拱手礼一般用于过年时举行团拜活动等喜庆的场合，向长辈祝寿、向友人恭喜、向亲朋好友表示感谢以及初次见面表示久仰大名时使用。

2. 合十礼

合十礼也称合掌礼，是一种具有较浓郁的宗教色彩的礼节。该礼节最初在信奉佛教的国家和地区被广泛使用。

行礼方式是双掌十指在胸前相对合，五指并拢向上，掌尖与鼻尖基本持平，双腿立正站立，上体前倾 30°～45° 。在施行合十礼时，一般合十的双手举得越高，越体现出对对方的尊重，但原则上不可高于额头。

合十礼一般适用于商务活动、非正式社交场合和人际关系较轻松和谐的社交场合。在施行合十礼时，应双眼注视对方，面带微笑，可以口颂祝词或问候对方。

3. 拥吻礼

拥吻礼包括拥抱礼和亲吻礼，它是发源并流行于西方，且与握手礼一样重要的见面与道别的礼节，在人们表示慰问、祝贺时常使用。

规范的拥抱礼是两人在正面相距约20厘米处面对站立，各自举起右臂，将右手搭在对方左肩后面，左臂下垂扶住对方右腰后侧，两人头部及上身都向左侧相互拥抱。在保持原手位不变的情况下，双方还应接着向右拥抱后，再次向左拥抱，礼毕。

亲吻礼有时单独使用，有时与拥抱礼同时使用，即双方会面时既拥抱又亲吻。在施行亲吻礼时，双方的关系不同，亲吻的部位也会有所不同。长幼之间施行亲吻礼时，所吻部位一般为额头、面颊。同辈、异性、同性之间施行亲吻礼时，一般为贴面颊或吻面颊。

吻手礼主要流行于欧洲国家。具体做法是：男士走到已婚女士面前，首先垂首立正致意，然后，以右手或双手捧起女士的右手，俯首以自己微闭的嘴唇象征性地轻吻一下其手背或是手指。吻手礼的受礼者，只能是已婚女士。手腕及其以上部位，是行礼时的禁区。

4. 注目礼

注目礼是注视受礼者并用目送或目迎来表示敬意的一种礼节。注目礼的具体做法是起身立正、抬头挺胸、双手自然下垂或贴放于身体两侧，表情庄重，双目注视被施礼对象或随之缓缓移动。

注目礼适用于升旗仪式、开业剪彩、揭幕迎宾等场合。在施行注目礼时，应衣冠整齐，不可嬉皮笑脸、身体东斜西靠。

五、介绍礼仪

介绍是打开人际交往大门的一把“金钥匙”。恰如其分地介绍，既可以迅速拉近距离，促进人与人之间更好地沟通和更深入地了解，也显示出一个人的礼仪修养。

（一）自我介绍

通过介绍，不仅可以使他人更了解自己，也可以让不相识的人互相认识，缩短人们之间的距离，帮助扩大社交的圈子，促使彼此不熟悉的人们更多地沟通。以下是介绍礼仪的几种类型。

表 4-1-1 常见的自我介绍方式

介绍方式	适用场合
工作式	适用于工作场合，介绍内容包括本人姓名、供职单位及其部门、职务或从事的具体工作等。例如：“大家好，我是××幼儿园的老师×××。”
礼仪式	适用于讲座、报告、演出、庆典等一些正规而隆重的场合。介绍内容包括姓名、单位、职务等，同时，还应加入一些适当友好、谦恭的语句。如“各位来宾，大家好！我叫×××，是××幼儿园的老师。我代表幼儿园欢迎大家光临我园，希望大家……”

续表

介绍方式	适用场合
交流式	适用于社交活动，希望与交往对象进一步交流与沟通。介绍内容包括姓名、工作、籍贯、兴趣，或是与交往对象的某些熟人的关系等。如“你好，我叫李红，在××幼儿园工作。我是王明的同学。”
问答型	适用于应试、应聘和公务交往，针对对方提出的问题作出回答。例如，问：“女士，您好！请问您贵姓？”答：“您好，免贵姓张。”

（二）介绍他人

介绍他人通常都是双向的，即对被介绍双方均作介绍。有时，也可进行单向的他人介绍，只将被介绍者中的某一方介绍给另一方，其前提是前者了解后者，而后者不了解前者。

1. 介绍者

介绍者在普通场合，介绍人应由秘书、陪同、公关人员、接待人员等专业人士或与双方均熟悉之人担任。在重要场合介绍贵宾时，介绍人必须由在场人中地位最高者担任。家庭聚会中，女主人充当介绍人。

2. 介绍的顺序

介绍他人时，应遵守“尊者拥有优先知情权”的规则。在为他人作介绍前，要确定双方地位的尊卑，先介绍位低者，后介绍位尊者，以示对位高者的尊重。

所以，介绍时将年轻者先介绍给年长者，将男士先介绍给女士，将学生先介绍给老师，将主人先介绍给来宾，将未婚者先介绍给已婚者，将熟悉的人先介绍给不熟悉的人，将后到者先介绍给先到者，将家人先介绍给同事、朋友。

3. 介绍的内容

根据实际需要不同，为他人作介绍的方式和内容也有所不同。

表 4-1-2 常见的他人介绍方式

介绍方式	适用场合
标准式	适用于正式场合，内容以双方的姓名、单位、职务等为主。
简介式	适用于一般的社交场合，其内容往往只有双方姓名一项，甚至可以只提到双方姓氏。接下来，则要由被介绍者见机行事。
强调式	适用于各种交际场合，其内容除被介绍者的姓名外，往往还可以强调其中某位被介绍者与介绍者之间的特殊关系，以便引起另一位被介绍者的重视。
引见式	适用于普通的社交场合，作这种介绍时，介绍者所要做的是将被介绍者双方引导到一起，而不需要表达任何具有实质性的内容。

续表

介绍方式	适用场合
推荐式	适用于比较正规的场合，多是介绍者有备而来，有意将某人推荐给某人，因此，在内容方面，通常会对前者的优点进行重点介绍。
礼仪式	适用于正式场合，是一种最正规的他人介绍方式。其内容略同于标准式，但语气、表达、称呼上都更礼貌、谦虚。

（三）集体介绍

集体介绍主要用于规模较大的社交聚会、公务活动、涉外交往活动，比如，大型宴会、婚礼、生日晚会、演讲、比赛、会见等。无论是哪种情况，介绍时都要讲究一定的次序，遵循一定的原则。

1. 少数服从多数

当被介绍者双方地位、身份大致相似时，应先介绍人数较少的一方。

2. 强调地位、身份

若被介绍者双方地位、身份存在差异，地位高者虽人数少，也应先介绍大多数人给少数人认识。如果两边都是单位，一般要把地位低的一方先介绍给地位高的一方。地位低的一方一般就是东道主，地位高的一方一般则是客人。如果集体与个人，先把个人介绍给集体，因为个人比集体人少，所以其地位低。

3. 单向介绍

在演讲、报告、比赛、会议、会见时，往往只需要将主角介绍给广大参加者。

4. 人数较多一方的介绍

若被介绍一方人数较多，可采取笼统的方式进行介绍，如“这是我的家人”“他们是我的同学”。

5. 两方以上集体的介绍

若被介绍的不止两方，则需要对被介绍的各方进行位次排列，可以事先向大家说明排列的方法，是以其负责人身份为准，还是以其单位规模为准，或者以单位名称的英文字母顺序为准，或者以座次顺序为准等。

★ 传统文化知多少

中国古代见面礼仪

在相互交往中，古代汉族对不同的对象均有相当的礼节，分为稽首、顿首、空首、振动、吉拜、凶拜、奇拜、褒拜、肃拜九种，称“九拜”。后经发展、演变，一般最常见的有打拱、作揖和跪拜三种。

1. 打拱

就是右手在内，左手在外，两手合抱以示敬意。古俗男子吉拜尚左，而女子吉拜尚右，称“纳万福”。凶拜，即不友好的拜见，礼则相反。

打拱是最常见的见面礼节，边打拱边寒暄，很有人情味，今天还有很多人见面后行此礼。

2. 作揖

除拱手外，还要弯腰鞠躬。拱手行礼，是为揖。作揖，揖有高揖和长揖之分。高揖即双手高举。长揖是古代不分尊卑的相见礼，拱手高举，自上而下行鞠躬礼。打拱和作揖往往连用，大约是古“九拜”中之“振动”演化而来。这种礼节无尊卑上下之分，为平辈之间的常礼。在古代汉族民间，友人相遇也往往边说“谢”，边打拱作揖相让，以示尊重。这也是古代宾主相见的最常见的礼节。揖让之礼分为三种：

（1）专用于没有婚姻关系的异性，行礼时推手微向下。

（2）专用于有婚姻关系的异性，行礼时推手平而致于前。

（3）专用于同姓宾客，行礼时推手微向上。

3. 跪拜

古代表示恭敬的一种礼节。古之拜，只是拱手弯腰而已，两手在胸前合抱，头向前俯，额触双手，如同揖。后来也将屈膝顿首、两手着地或叩头及地称为“拜”。

拜手：古代的一种跪拜礼。行礼时，跪下，两手拱合到地，头靠在手上。《周礼》中作“空首”，也作拜首。

再拜：拜两次为再拜，表示礼节之隆重。过去书信末尾也常用“再拜”以表示敬意。

顿首：跪而头叩地为顿首。“顿”是稍停的意思。行礼时，头碰地即起，因其头接触地面时间短暂，故称顿首，通常用于下对上及平辈间的敬礼，如官僚间的拜迎、拜送，民间的拜贺、拜望、拜别等，也常用于书信的开头或末尾。

稽首：古代的一种跪拜礼。跪而头触地作较长时间停留为稽首。“稽”是停留拖延的意思。行礼时，施礼者屈膝跪地，左手按右手，拱手于地，头也缓缓至于地，手在膝前，头在手后。头在地必须停留一段时间。稽首是最重的礼节，常为臣子拜见君王时所用。

乐学善思

假如你刚应聘进某幼儿园工作，请你在上班后的第一次例会上做自我介绍，你会怎么介绍呢？请写一份介绍方案，以电子文档或纸质作业形式提交给老师。

任务二　往来礼仪

任务目标

1. 了解社交场合往来礼仪中拜访礼仪、待客礼仪、馈赠礼仪三个方面的内容。
2. 掌握各来往礼仪使用时的注意事项。

任务阐述

本任务主要从往来礼仪中的拜访礼仪、待客礼仪、馈赠礼仪三个方面介绍幼儿园教师应掌握的基本往来礼仪内容和使用时的注意事项，使幼儿教师掌握基本的往来礼仪特点，提高自我修养和礼仪意识。

本任务共有三个板块内容，每一板块内容在日常生活中都很常见。因此，学生在学习时要深入了解每种往来礼仪的内容，并在以后的生活中进行贯彻，用正确的礼仪行为准则来约束自己，提高个人修养。

新知学习

一、拜访礼仪

拜访又称拜会或拜见，是指因公或因私前往他人的工作地点、私人居所或其他商定的地点，探望、会晤对方，或是与对方进行其他方面的接触。拜访分为事务性拜访、礼节性拜访和私人拜访，但不管哪种拜访，都应遵循一定的礼仪规范。

1. 拜访时间合理

拜访的时间应该由双方商量来定，但是，如果没有明确说明，拜访者在选择拜访时间时以不妨碍对方为原则。

如果是到对方家里去，要避开吃饭的时间、午饭后的休息时间和晚上太晚的时间。一般情况下，下午三四点或晚上七八点是比较合适的。如果是事务拜访，需要到对方的工作场所去，也尽量避开星期一和工作日上下班的时间。因为星期一大多数都要开例会，工作日上下班时间会比较匆忙，没有心思接受拜访。

2. 事先预约，遵时守信，如期而至

选好时机，事先约定。预约好后就要守时，既不能随意更改时间，也不能迟到。尽量不要太早到，太早到会让对方措手不及。但如果早到了，可先在外面稍做准备，待约定时间快到时，再准备敲门。如因故迟到，应向主人道歉。如因故失约，应在事先诚恳而婉转地说明。尤其在对外交往中，更应严格遵守时间。

3. 彬彬有礼，不做冒失之客

无论是办公室或是寓所拜访，一般要坚持“客随主便”的原则。如是到主人寓所拜访，作为客人进入主人寓所之前，应轻轻叩门或按门铃，待有回音或有人开门相让，方可进入。若是主人亲自开门相迎，见面后应热情向其问好；若是主人夫妇同时起身相迎，则应先问候女主人好；若不认识出来开门的人，则应问：“请问，这是 ×× 先生的家吗？”得到准确回答方可进门。

当主人把来访者介绍给自己的妻子或丈夫相识，或向来访者介绍家人时，都要热情地向对方点头致意或握手问好。见到主人的长辈应恭敬地请安，并问候家中其他成员。当主人请坐时，应道声“谢谢”，并按主人指点的座位入座。

主人上茶时，要起身双手接迎，并热情道谢。对后来的客人应起身相迎。必要时，应主动告辞。如带小孩做客，要教以礼貌待人，尊敬地称呼主人家所有的人。

4. 衣冠整洁，举止文雅，不做粗俗之客

为了对主人表示敬重之意，拜访做客时要仪表端庄，衣着整洁。入室前要在踏垫上擦净鞋底，不要把脏物带进主人家里。

人们常说，主雅客来勤；反之，也可以说客雅方受主欢迎。在普通朋友家里，不要乱脱、乱扔衣服。与主人关系再好，也不要翻动主人的书信和工艺品。未经主人允许，不要擅入主人卧室、书屋，更不要在桌上乱翻、床上乱躺。做客的坐姿也要注意文雅。

5. 适时告辞，不做难辞之客

准备沟通什么事，拜访要达到什么目的，事先要有打算，以免拜访时跑“马拉松”。若无要事相商，停留时间不要过长、过晚，以不超过半小时左右为宜，在别人家中无谓地消磨时光是不礼貌的。

二、待客礼仪

（一）细心准备，创造良好环境

与来访者约定后，主人应着手做必要的准备工作，以便使客人来访时有宾至如归的感觉。

1. 清洁环境

在客人到来之前，进行环境清洁，创造一个整洁的待客环境。

2. 准备用品

准备好四类待客用品：一是饮料、水果等食品；二是香烟，如果客人吸烟的话；三是报刊、玩具等供客人尤其是随行而来的孩子使用；四是扑克牌等宾主可以一起娱乐的用品。

3. 膳食住宿

应为客人准备好膳食和住宿，并在会面之初便向对方说明，以示待客诚意。

4. 交通工具

主动为客人安排力所能及的交通工具，并讲究善始善终。

（二）热情迎接，待客礼貌诚恳

作为主人，最起码应在门口迎候客人的到来。对于远道而来的客人，甚至有必要专程到车站、码头或机场迎接。如未及时迎接客人，见面时可用“失迎”或“有失远迎”等语言以示歉意。客人进门后，应请客人先入座，然后献茶待客。与客人谈话态度要诚恳热情，不要频频看时间，更不要显露厌倦之色。

（三）考虑周全，送客真诚挽留

客人提出告辞时，应真诚挽留，表示希望多坐一会儿，或者表示希望下次再来。如果客人执意要走，应先等客人起身后，自己再起身相送，不可先起身摆出送行姿态。送客时，住楼房的要送到底楼，住平房的要送至路口，再握手或挥手道别：“欢迎下次再来”“走好”，目送客人远去，如客人回头招呼，应举手或点头示意，等客人走远了再进屋。

三、馈赠礼仪

馈赠也叫赠送，是指人们为了向他人表达个人的敬意，而将某种物品不求报偿、毫无代价地送给对方。但是，馈赠并不是简单的送礼物给对方就可以了，只有在明确馈赠目的和种类，选对馈赠礼品，遵循馈赠礼仪的前提下，才能真正让馈赠在交际中发挥重要作用。

（一）馈赠的原则

1. 轻重得当原则

礼物的轻重直接关系到受礼人是否能高兴而又安心地收下。一般而言，礼物贵重与否的选择应以对方能够愉悦接收为原则。

2. 风俗禁忌原则

送礼前，要对收礼人的情况进行充分了解，包括身份、信仰、爱好等。例如，给患者送鲜花时，最好不要送有浓香味的花，浓烈的香味会刺激患者，可能会引发一系列的不良反应，不利于患者的康复；也不要送盆栽，因为送盆栽可能有长久留在医院的意思。

3. 目的性原则

送礼是为了表达你对他人的祝贺、感谢、关怀、安慰、鼓励和思念等心情，是为了使对方在接受礼物后产生愉悦和幸福的情感。因此，要了解对方的兴趣、爱好，从对方立场出发精心挑选、精心制作，礼物价值不一定昂贵，但要投其所好，使礼物表达诚意。

4. 纪律性原则

在馈赠和接受礼物时，要有纪律性。如果对方单位不容许接受礼物，就要无条件遵守规定。这时，可以用别的办法代替送礼，如邀请对方人员及其家属欣赏音乐会或参加其他活动。

（二）接受馈赠的礼仪和回礼

1. 接受馈赠的礼仪

受礼者应在赞美和夸奖声中收下礼品，并表示感谢。接受礼物时，要双手接过，并视具体情况或拆看或只看外包装。只要不是贿赂性礼品，一般最好不要拒收，然后可以找机会回礼。当有理由认为该礼物已超过朋友之间表示友好和感谢的内容时，就不应当收下，应谢绝和退回礼物。

2. 回礼礼仪

回礼的时间要恰当，可在客人临走时回赠；也可隔一段时间登门回拜时，带给对方礼物表示谢意。

? 乐学善思

你工作的幼儿园同事（异性，未婚）过生日，他（她）请你参加生日派对，你准备送什么礼物呢？为什么？请在下面方框中写出方案，并以学习小组为单位每个人都在组内交流观点，之后进行评价。

个人观点：

组内评价：

任务三　通信礼仪

任务目标

1. 准确掌握拨打电话、接听电话的礼仪要求。
2. 准确掌握网络礼仪的使用规范要求。

任务阐述

通过电话和网络社交已是当下最重要的社交方式，幼儿教师也常常通过电话和网络与幼儿家长沟通，进行家园共育，这也是工作中的一项重要任务。因此，正确掌握电话和网络通信礼仪对幼儿教师的职业能力培养很重要。所以，在本任务学习中，学生应详细了解通信礼仪要求，并在实训活动的情景模拟训练中合理运用，提高自我职业修养。

新知学习

电话礼仪

一、电话礼仪

电话是现代社会中最常见的一种交际方式，虽然不是面对面地交谈，但却能让人迅速获得信息，及时进行沟通。在教师的日常活动中，使用电话交流学生的情况、沟通信息、商洽问题、答复事项等，是一种普遍的工作手段，因此，学会电话礼仪是非常有必要的。电话礼仪包括打电话和接电话，不论使用普通电话还是移动电话，都要遵守一定的礼仪规范。

（一）打电话的礼仪

1. 时间适宜

早上 8 点前、晚上 10 点后、中午午休时间不要给别人打电话。通话时间以短为佳，宁短勿长。在电话礼仪里，有一条“三分钟原则”，即发话人要有意识地将每次通话的长度控制在三分钟内。

2. 通话简单扼要

在做完自我介绍后，应该简明扼要地说明通话的目的，尽快结束交谈。如果一次谈话要涉及的问题较多，时间较长，应在通话前询问对方此时是否方便长谈。如果对方不方便长谈，就应该有礼貌地请对方约定下次的通话时间。

3. 讲究通话语言艺术

话如其人，很多时候仅凭双方在电话里的讲话方式，就可以互相判断出对方的素养。打电话时，首先要自报家门，如“您好！我是 × 班的 ×× 老师，您是 ×× 的妈妈吗”。除了要坚持用“您好”开头，“请”字在中，“谢谢”结尾，更重要的是控制语气语调。虽然通过电话只闻其声不见其人，但你的通话状态会直接影响声音的传递。

（二）接听电话的礼仪

1. 及时接听

电话铃声响起，要及时接听，最好在铃声响两三声时接听电话。如果因为客观原因，如电话不在身边或一时走不开，不能及时接听，就应该在拿起话筒后先向对方表示自己的歉意并作出适当的解释，如“很抱歉，让您久等了”等。这是有礼貌的表现，可消除对方因久等引起的心情不快。

2. 文明应答

铃声响起，要拿起话筒问候对方，并自报家门，“您好！这里是×××幼儿园”或者询问对方“您好！请问找哪位？”一般不宜用“你是谁”“你找谁”“有什么事”之类的话发问。对方交谈内容结束要及时道别，说声“再见”。

3. 做好记录

公务电话通常需要做记录。准备好幼儿园行政电话记录簿或记录用纸、笔，随时放在电话旁边，不要通话后放下听筒，再找纸笔。遇到听不清楚时，可以用“抱歉，我刚刚没有听清楚”“抱歉，我这边刚才有些吵闹，您能否再说一遍”等。

4. 礼貌挂机

当对方向你说“再见”时，你也应该说“再见”。通常等对方挂了电话以后再挂电话，或者通话双方中的尊者（长辈、领导、上级、女士）先挂电话。最好不要一听到对方说“再见”就马上挂电话，尤其不能在对方一讲完话，还没来得及说“再见”就提前挂断电话。

二、网络礼仪

随着互联网的发展及移动互联网时代的到来，微信、QQ、电子邮件已经成为人们沟通方式的主流，也成为幼儿教师与幼儿家长的重要沟通方式。但是，如果使用不当，使用者会很容易给人留下不好的印象。因此，幼儿教师应掌握网络沟通的礼仪，展现幼儿教师良好的职业素养。

（一）微信沟通礼仪

使用微信的礼仪规范如下：

1. 申请加好友被通过后，主动打招呼

看到微信提示通过后，要主动和对方打招呼，先简单介绍一下自己，说明申请添加好友的理由。

2. 设置真人头像，亲和力强

设置真人头像，不仅亲和力强，而且能让对方跟你交流的时候，感觉到是在与一个真实

存在的人沟通。

3. 个人签名积极、阳光

个人签名不要用“好烦啊”等消极语言，因为很多人的微信签名很久不变，一句消极的签名长期放在那里，会影响幼儿教师的形象。

4. 发信息要有充足内容，节省彼此的时间

发信息时不要只发“你好”“在吗”等没有意义的内容，让对方反过来问你有什么事情。如果对方不在线或忙碌，写下你的来意，他看到后可以尽快回应，这样既节省自己的时间，也节省对方的时间。

5. 分享慢慢来，不要“刷屏”

“刷屏”就是在短时间内连续发送多条信息，尤其是内容相同或相近的信息。这样做会霸占对方的手机屏幕，惹人反感。

6. 紧急的事不用语音

如果对方在开会，不方便听语音，那么发语音就会影响对方回应你的速度，还会耽误一些紧急的事情。

7. 不在人多的地方用语音

人声鼎沸的地方，对方听你的留言很费力。对于家长而言，他也会觉得语音太过于随意，对他不够重视。

（二）微信语音与视频沟通的注意事项

微信语音与视频沟通比打字更便捷，而且可以通过对方的语气和表情接收更加准确的信息。幼儿教师在与幼儿家长进行微信语音与视频沟通时，要当成在与家长面对面交流，保持自身良好的形象，同时，尊重家长，注意语气、语音和语速，准确表达自己的目的。

在进行多人的沟通时，运用微信群更加方便快捷。幼儿教师会在微信家长群中告知幼儿的在校情况，发布重要通知，家长有疑问也会在微信家长群中与幼儿教师沟通。因此，幼儿教师要注重微信家长群的使用与沟通技巧。具体有以下几点：

（1）普遍问题可以在微信家长群中与家长交流，如果个别幼儿有问题，可单独与家长沟通。

（2）在微信家长群中晒照片，要注意公平对待每一名幼儿，多表扬，少批评。

（3）在每一条通知后加上“不用回复”或类似的话语，会给家长留下好印象。

（4）注意说话方式，传播积极向上的正能量。

（5）做微信家长群的引导者，对于一些不适合发在班级群中的内容，要学会婉言提醒。

同时，幼儿教师在使用微信家长群时，也应避免以下几点：

（1）避免在微信家长群中点名批评幼儿，公布成绩、排名等信息，伤害幼儿自尊心的

同时，也会让家长感到不舒服。

（2）避免每次只发布优等生或表现优异的幼儿照片，可能有些家长永远也看不到自己孩子的照片出现在微信家长群中。

（3）避免过度依赖微信家长群，将幼儿日常的一举一动都发布到微信家长群中，却忘记了其实面对面交流才是最好的沟通。

（4）避免不经考证随意转发网上信息，会造成家长不必要的担心。

（5）避免“发号施令”式的说话方式，向家长交代完就放手不管。

乐学善思

有一位家长在微信上询问你，孩子最近在幼儿园有没有按时吃饭，而你作为孩子班主任隔了一天才看到微信，这时你该怎么回复呢？请写出自己回复的方案，并以电子文档或纸质作业形式提交给老师。

任务四　餐饮礼仪

任务目标

1. 了解餐饮礼仪的原则。
2. 准确掌握中餐桌次、位次的排列规则及进餐礼仪。
3. 准确掌握西餐的席位礼仪、餐具的种类和摆放及餐具的使用方式。

任务阐述

本任务共有三个板块的内容，其中中餐礼仪是学习的重点，对于中餐礼仪中的桌次、位次、进餐礼仪内容要认真地学习，并在日常社交进餐时贯彻遵守，提高自我修养和礼仪意识。对西餐礼仪也要认真了解，扩充自己的知识广度。

新知学习

中国有一句古话：“民以食为天”。中华民族餐饮礼仪源远流长。现代较为流行的中餐餐饮礼仪是在延续传统与参考国外礼仪的基础上发展而来的。作为一名职业幼儿教师，宴请和赴宴是我们礼尚往来的一种交往形式，因此，要了解基本的餐饮形式与规则，从而在各种餐饮活动中展示个人良好的素养与品味。

一、餐饮礼仪原则

学习餐饮礼仪，首先，应当着重掌握餐饮礼仪的下列两条基本原则。

1. “六 M 原则”

它是在世界各国广泛受到重视的一条礼仪原则。“六 M”指的是六个以“M”为字头的单词：Meal（美食）、Meeting（会见）、Menu（菜单）、Manner（举止方式）、Music（音乐）、Mood（气氛），它们都是人们安排或参与餐饮活动时应当注意的重要问题。这条原则的主要含义是指在安排或者参与餐饮活动时，力求使自己在这些方面的所作所为符合律己、敬人的行为规范。

2. 餐饮适量原则

它的主要含义是：在餐饮活动中，不论是活动的规模、参与的人数、用餐的档次，还是餐饮的具体数量，都要量力而行，务必要从实际需要和实际能力出发，进行力所能及的安排。

二、中餐礼仪

（一）桌次礼仪

在中餐宴请活动中，往往采用圆桌布置菜肴、酒水。如客人较多，有两桌及以上时，需对桌次进行排列。

当两桌横排时，由面对正门的位置确定，以右为尊，以左为卑。即右边的桌子要比左边的桌子尊贵。这种做法也叫“面门定位”法。如图 4-4-1 所示。

竖排时，讲究以远为上，以近为下。这里的远近，是以对距离正门的远近而言的，即距离正门远的桌子比距离正门近的桌子更尊贵，此法也称“以远为上”法，如图 4-4-2 所示。

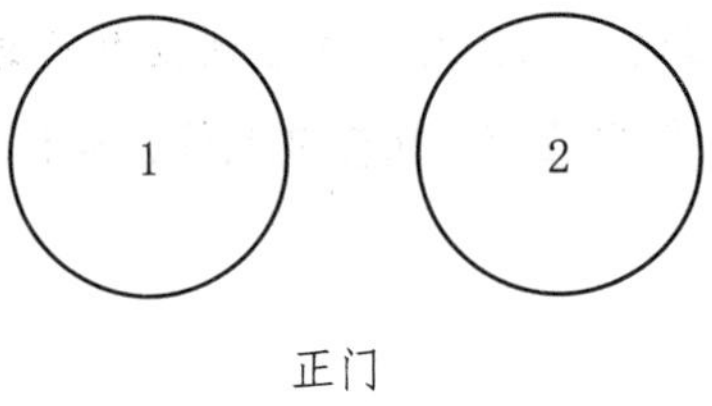

图 4-4-1　两桌横排

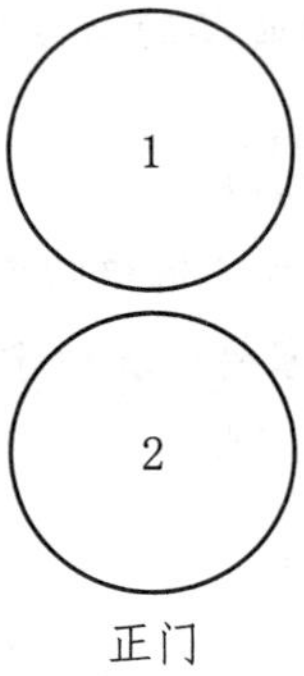

图 4-4-2　两桌竖排

由三桌或三桌以上组成的宴请，通常叫多桌宴请。它的排列方法除了要注意“面门定位，以右为尊，以远为上”外（如图 4-4-3 所示），还应兼顾其他各桌与主桌的距离，通常距离主桌越近，位次越高；距离主桌越远，位次越低。这种规则也称为“主桌定位”法（如图 4-4-4 所示）。

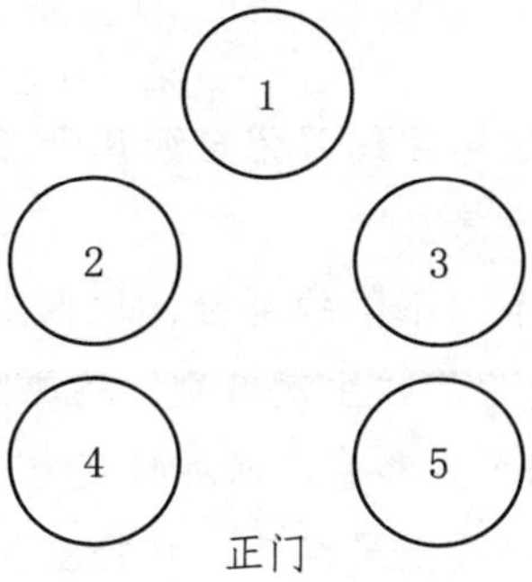

图 4-4-3　面门定位，以右为尊，以远为上

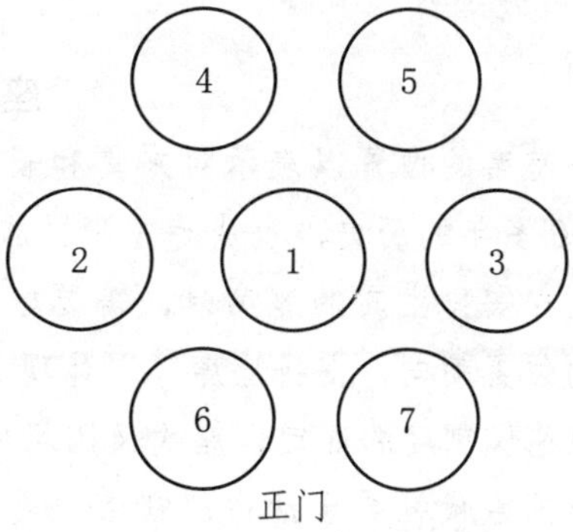

图 4-4-4　主桌定位

（二）位次礼仪

宴请时，每张餐桌的具体位次也有主次尊卑之别，需按规范进行排列，这也具有体现礼仪的作用。

（1）主人大都面对正门而坐，并在主桌就座。

（2）举行多桌宴请时，每桌都有一位主人的代表在座，他也称各桌主人，其位置一般应与主桌主人同向，有时也可以面向主桌主人。

（3）各餐桌上位置的尊卑，应根据其距离该桌主人的远近而定，以近为上，以远为下。

（4）各餐桌上距离该桌主人距离相同时，以右为尊，左边次之。

根据上面四种位次的排列方法，圆桌位次的排列可以分为两种具体情况，它们都是和主位有关。第一种情况：每桌一个主位的排列方法。特点是每桌只有一名主人，主宾在主人右边就座，每桌只有一个谈话中心。如图 4-4-5 所示。

第二种情况：每桌两个主位的排列方法。特点是主人夫妇在同一桌就座。以男主人为第一主人，女主人为第二主人，男主宾和其夫人分别在男女主人右侧就座，每桌客观上成了两个谈话中心。如果主宾身份高于主人，为表示尊重，也可以安排在主人位子上坐，而主人坐到主宾的位子上。如图 4-4-6 所示。

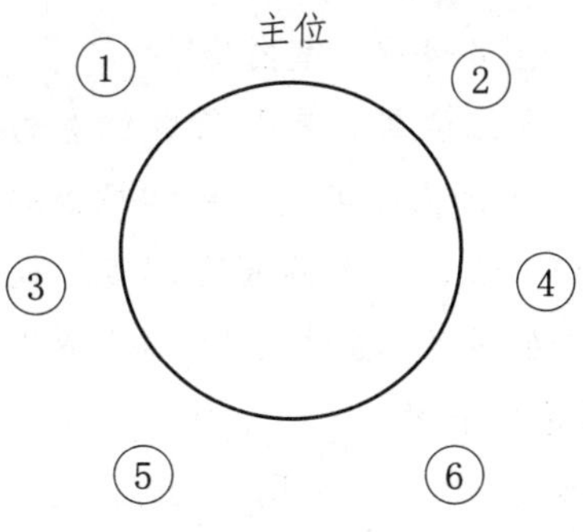

图 4-4-5　每桌一个主位

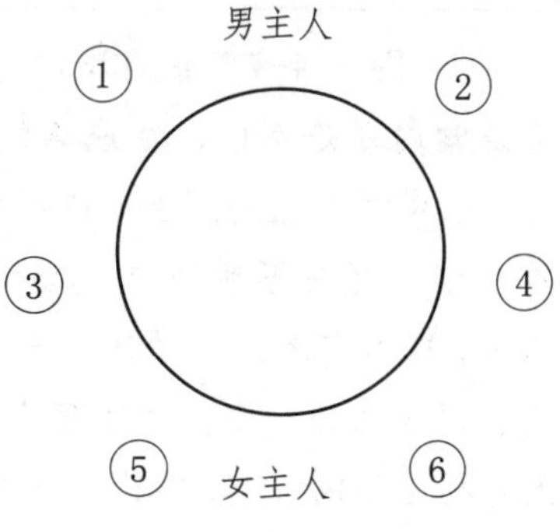

图 4-4-6　每桌两个主位

★ 传统文化知多少

座席与主席

安排座席的位置以表示对来宾和长者的敬重，这一传统习俗自西周开始，在我国已有3000多年的历史，也成为中华民族传统文化的代表。

古人在安排主宾的座席时，需要依据在场的每个人不同的身份、地位或年龄，选择恰当的位置朝向，安排座席，以体现“长幼尊卑有序”“主次有别”的原则。

按照礼仪制度的规定，座次又因场所不同而分为室内和堂内两种排定方法。

在中国古代社会生活中，官室、衙署和府邸，以及民居建筑，均将堂作为建筑群落的核心和主体。堂的建筑面积最大，在中国古代传统建筑中，一般称正房为堂。堂在家居生活中是接待宾客和举行活动的重要场所。按建筑形制区分，堂的位置因在室的前面而显得更突出和重要，规格也比室高。

堂的朝向为南向，堂内南向（面朝南）亮而北向（面朝北）暗。因此，堂内的座次以南向为尊，西向次之，东向又次之，北向位卑。如图4-4-7所示。

在中国古代的宫廷建筑中，宫殿也属于堂的性质，所以皇帝在宫殿上的座席为南向，即所谓“背北朝南”，实际就是依据始于西周时期的礼仪制度的规定，以此显示其至尊的地位。

堂的后面是室，与堂之间有户相通。室一般是主人居住或家庭内部活动的主要场所。在室内的座次，以东向（指面朝东）为尊，南向次之，北向又次之，西向位卑。如图4-4-8所示。

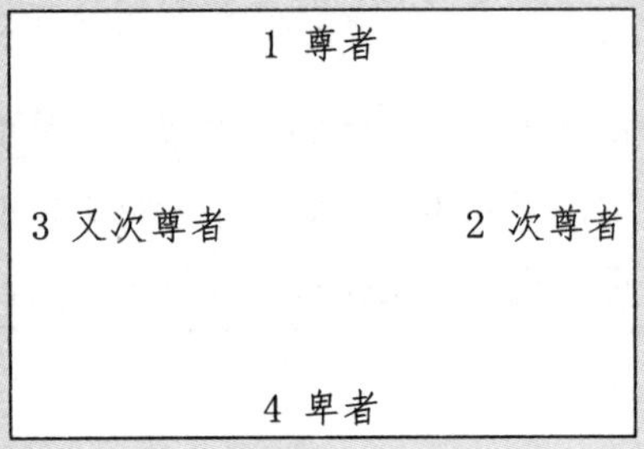

图4-4-7　堂内座次

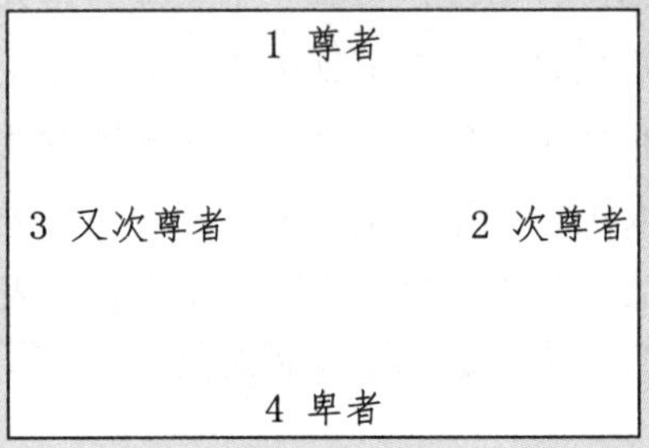

图4-4-8　室内座次

无论是堂内还是室内，在座席的位置，即座次中，位尊之座是所有位置的座席的中心。在这个座席入座的人士，自然成为在其他席位上的人士共同尊敬和拥戴的对象。不过，在交谈、宴饮等活动中，还有一位起着组织、协调作用的人士，实际也就是活动的主持者，在所有参加活动的人士中，他居于核心的地位，被称为“主席”或“主座”。在中国近代以来的社会中，“主席”逐渐成为领导者的代称。

古人重视生活的细节，用礼仪规范家居和社会生活，从而使中国成为享誉世界的“礼仪之邦”。

中国古代的家居生活和社会生活，不仅展示了中国古代社会的文明和进步，还鲜明地体现了中国古代传统的待人以诚、对人敬重、对己谦逊的和谐思想，反映了古人维护社会稳定、国家统一的信念，其中还蕴含了许多中华民族优秀的传统道德。正因为如此，时至今日，这些传统道德依然具有强大的生命力，为社会所倡导和继承。

（三）进餐礼仪

（1）进餐前，勿用餐巾或餐纸擦拭餐具。

（2）取菜时，盘中食物不要盛得太多，吃完后再取。如遇不爱吃的菜肴，当服务员上菜或主人夹菜时，不要拒绝。可取少量在盘内，并说“谢谢，够了”。对不合口味的菜，切勿显露厌恶的表情。

（3）进餐时，要注意风度，要闭嘴咀嚼，不要舔嘴唇或发出声响，咀嚼时不要讲话。嘴里有骨头、鱼刺，不要直接往外吐，可用餐巾捂嘴，用手或筷子取出，放在骨盘内。

（4）饮酒干杯时，即使不能喝，也应将杯口在嘴唇上轻碰一下，以示敬意。

（5）进餐时，不可狼吞虎咽，也不要一点儿都不吃。当主人劝客人再添菜时，如有胃口，添菜不算失礼。

（6）未吃完的菜和用过的餐具、牙签等都应放在盘内，切忌放在桌子上。剔牙时，应用手或餐巾遮口。

（7）不可在餐桌前化妆、擤鼻涕、打嗝等。进餐时，打嗝是最大禁忌，万一忍不住打嗝，应立即向周围人道歉。

（8）不可中途退席。若有急事或特殊情况必须离席，需征得主人同意方可离开，以示礼貌。

三、西餐礼仪

西餐，是对西式饭菜的一种约定俗成的统称。目前，随着中西文化交流的扩大，西餐已经逐渐进入了中国人的生活，并受到一些人的欢迎。掌握一些有关西餐的基本常识，对我们在这种特殊的环境中交往是有很大帮助的。

（一）席位礼仪

1. 恭敬主宾

在西方宴会中，主宾是极受尊敬的，即使宴请的宾客中有身份、年龄高于主宾的，主宾也仍是邀请方关注的中心，在安排座次时，主宾通常紧靠着主人就座。

2. 女士优先

西方国家特别重视对女性的尊重，尤其是安排家宴时，主位一般应请女主人就座，而男主人则须退居第二主位。

3. 以右为尊

在排列位次时，以右为尊依旧是基本原则。就某一特定位置而言，其右侧之位理应高于其左侧之位。例如，应安排男主宾坐在女主人右侧，安排女主宾坐在男主人右侧。

4. 距离定位

西餐桌上席位的尊卑，是由其距离主位的远近决定的，距主位近的位置高于距主位远的位子。

5. 交叉排列

西餐排列位席时，讲究交叉排列的原则，即男女应当交叉排列，熟人和生人也应当交叉排列。在西方人看来，宴会是拓展人际关系的场合，交叉排列的用意就是让人们能多和周围客人聊天认识，达到社交的目的。男女交叉排列也是方便男士照顾女士。

（二）餐具的种类与摆放

西餐餐具的品种——西式餐具源于欧洲，广义的西餐餐具包括刀、叉、匙、盘、杯、餐巾等，其中盘又有菜盘、布丁盘、奶盘、白脱盘等；酒杯更是讲究，正式宴会几乎每上一种酒，都要换上专用的玻璃酒杯。狭义的西餐餐具则专指刀、叉、匙三种。

刀叉的摆放一般是餐刀在右，餐叉在左，均是纵向摆放在餐盘的两侧，供用餐者方便使用。叉如果不是与刀并用，叉齿应该向上。如果不懂哪种形式的刀叉使用，只要记住依次从两边由外侧向内侧取用即可。餐具的种类与摆放如图图 4-4-9 所示。

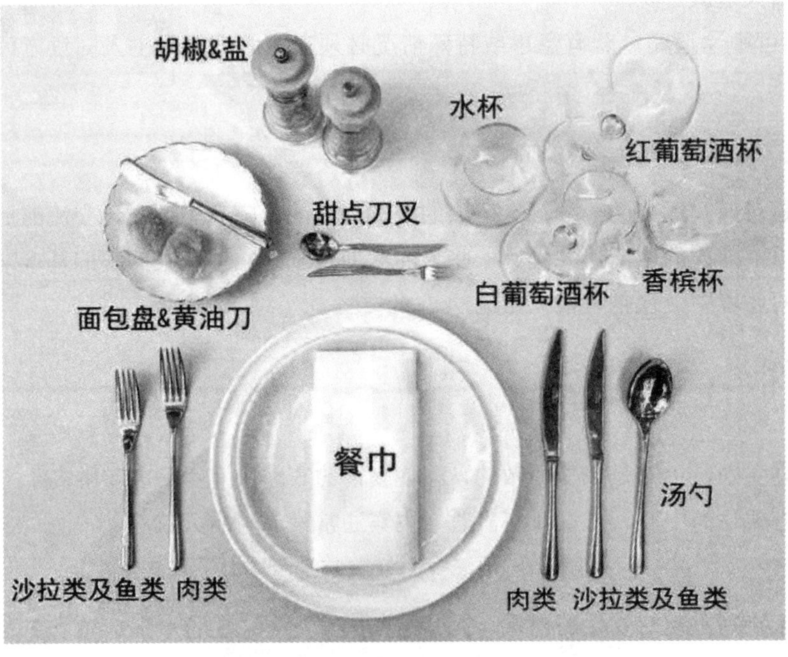

图 4-4-9 餐具的种类与摆放

（三）餐具的使用

1. 刀叉握法

用刀时，应将刀柄的尾端置于手掌中，以拇指抵住刀柄的一侧，食指按在刀柄上，其余三指则顺势弯曲，握住刀柄。叉如果不是与刀并用，叉齿应该向上。持叉应尽可能持住叉柄的末端，叉柄倚在中指上，中间则以无名指和小指为支撑。

2. 刀叉的使用

右手持刀，左手持叉，先用叉子把食物按住，然后用刀切成小块，再用叉送入嘴内。欧式使用时不换手，即从切割到送食物入口均以左手持叉。美式则切割后，将刀放下，换右手持叉送食入口。

3. 刀叉并用时的用法

持叉姿势与持刀相似，但叉齿应该向下。通常刀叉并用是在取食主菜的时候，但若不需要刀切割时，则可用叉切割，这两种方法都是可以的。

4. 匙的用法

持匙用右手，持法同持叉，但手指要持在匙柄的前端，不要在匙的下端。除喝汤外，有时吃布丁、蛋糕等甜食时也会用到匙。

5. 餐巾用法

餐巾的作用是防止衣物弄脏及擦拭嘴和手上的油渍。使用餐巾时，将餐巾对折，开口朝向对面，放在膝盖上。也可将餐巾的一角压在餐碟下，使其自然下垂。如在用餐过程中离席，将餐巾放在椅子的座面或搭放在椅背上，表示自己会回来。用餐完毕，将餐巾稍折放在餐盘右边，不要折得太整齐，那包含不喜欢这里的菜肴之意。

6. 刀、叉的无声语言

吃西餐，要注意餐桌上餐具的排列和摆放位置，不可随意乱取乱拿。在正规宴会上，每道食物、菜肴都会配一套相应的餐具（刀、叉、匙），并以上菜的先后顺序由外向内排列。进餐时，先取左右两侧最外边的一套刀叉。每吃完一道菜，将刀叉合拢并排置于碟中，表示此道菜已用完，服务员便会主动上前撤去这套餐具。如尚未用完或暂时停顿，就将刀叉呈八字形左右分架或交叉摆在餐碟上，刀刃向内，意思是“服务员，我还没吃完，请不要把餐具拿走”。使用刀叉时，尽量不使其碰撞，以免发出大的声音，更不可挥动刀叉与别人讲话。

? 乐学善思

你要举办一场生日宴会，有自己的父母、朋友，还有同事和领导，你应该如何安排他们入座呢？请写出安排方案或画出座次安排示意图，并在组内进行交流。

任务五　涉外礼仪

任务目标

了解涉外礼仪的原则。

任务阐述

本任务主要从七个方面介绍涉外礼仪的原则，每项原则都很重要。所以在学习本任务时，应牢牢掌握涉外礼仪原则，在实际生活中严格执行国家对外政策，与世界各国的朋友相互尊重、平等相待、友好相处，同时，为幼儿树立正确的榜样。

新知学习

与外国小朋友友好相处

今天，幼儿园来了一位来自英国的小朋友，因为这位小朋友和他的家长刚来中国不久，所以言语交流不是很畅通，而班主任戴老师的英语不是很好，便特意将英语老师请来，与该家长进行交流。

在英语老师的协助下，戴老师成功地安顿好了英国小朋友，并安慰他："这里的小朋友都会很喜欢你的。"戴老师又特意嘱咐其他小朋友："这位小朋友刚来到这里，还不习惯，大家要多多帮助他。我们虽然不是同一个国家，但是，都生活在同一个世界，大家都是一样的，知道吗？"小朋友们都诚恳地点了点头，并努力帮助英国小朋友。

幼儿园的孩子们对英国小朋友很友好，有的教他学汉语，有的教他用筷子，而戴老师为了更好地与英国小朋友及他的家长交流，特意去学习了英语。

在大家共同的努力下，英国小朋友在幼儿园过得非常愉快，大家互相学习，幼儿园小朋友们学会了很多英国口语，而英国小朋友也学会了说一些简单的汉语，并学会了使用筷子。

涉外礼仪就是涉外交际礼仪的简称，即人们在对外交往中，用以维护自身形象，向交往对象表示尊敬与友好的、约定俗成的习惯做法。近年来，外国朋友来中国工作和生活的人数逐年增多。国际交往的不断增加使我们参与涉外活动的机会也越来越多。在涉外交往中，幼儿教师应牢记自己是中国人的代表，是民族的象征，必须严格执行国家的对外政策，与世界各国的朋友们相互尊重、平等相待、友好相处。

一、维护国家利益原则

这是对外交往最重要的原则。涉外工作人员最基本的素养是对国家忠诚，有一颗爱国的热心，祖国和人民的利益高于一切，坚决维护国家的主权和民族的尊严。应时刻意识到，在外宾眼里，自己是国家、民族、单位组织的代表，自己的一言一行，可能给国家带来荣誉，也可能带来耻辱。在原则问题上，要坚持不懈，绝不让步，绝不做有损国格和人格的事情。

二、真诚平等原则

真诚、平等是国际交往原则的核心。真诚指真心实意的友善表现，实事求是的客观态度；平等指人格的平等和礼仪活动中各方所执之礼的大体相当。

不论是对待哪个国家的人，幼儿教师都要一视同仁，给予同等礼遇。例如，在礼宾序列问题上，各国代表的位次一般是按会议所用文字的国名字母顺序来排列的。

三、不卑不亢原则

涉外活动中，要充分了解外宾所在国的特有讲究与禁忌，充分尊重外宾习俗，但也不可妄自菲薄、低声下气、曲意逢迎；应充满自信、大方从容、充分展现自己团队的凝聚力，当然，我们也不能自大狂妄、目中无人。谦虚谨慎、戒骄戒躁、不卑不亢才是应持的态度。

四、遵时守信原则

信守承诺、取信于人是建立良好人际关系的前提，也是做人的基本品德。在涉外交往中，说话务必算数，许诺一定兑现。所以，一切要三思而后言，三思而后行，说到做到。

五、尊重隐私原则

国际礼仪强调以人为本，要求尊重个人隐私，维护人格尊严，这也是尊重和体谅交往对象的基本方式和最起码的礼貌。每个人都会因为个人尊严或其他原因，不愿外界了解自己的秘密或私事。所以，涉外活动中，凡涉及交往对象年龄、收入、婚恋、经历、政治见解、宗教信仰等的话题均属个人隐私，不宜询问。

六、女士优先原则

女士优先，是国际公认的礼仪原则，广泛适用于社交活动中。在一切社交场合中，男性有义务主动为女士提供方便，尊重女性，照顾女性，体谅女性，保护女性。不仅对待熟悉的女性要如此，对待陌生的女性也应如此，要一视同仁，无关乎相貌、年龄，无关乎地位、金钱，也无关乎民族、信仰。保护女性，并不是将女性视为弱者去同情、怜悯，而是将她们视为母亲、姐妹，是对女性表达感恩之意。

七、热情有度原则

热情有度要求人们在参与涉外交往，或者直接同外国人打交道时，不仅待人要热情而友好，还要把握好待人热情友好的分寸，做到恰到好处。不要随便采用某些意在表示热情的动作，不要采用不文明、不礼貌的动作。

⑦ 乐学善思

请你查阅资料，说一说涉外礼仪还有哪些注意事项，将收集的资料以电子文档或纸质作业的形式展示，并在小组内分享交流。

任务六　实训活动——幼儿教师社交礼仪演示活动

活动目标：

通过接打电话的情景练习，正确运用接打电话的礼仪要求，提高自己的职业素养和园所的品牌形象。

活动内容：

练习接打电话。

场景：

假如你是某幼儿园的老师，有家长打电话到你办公室询问其孩子在园的表现，你会怎么做？

活动准备：

两部手机、一张桌子、两张椅子。

活动步骤：

1. 班级共划分为 4 个学习小组，每个学习小组挑选两位学生自主结合进行角色扮演，分别饰演打电话的孩子妈妈和接电话的孩子老师。

2. 饰演打电话的孩子妈妈需提前准备问题提纲（填写在下面方框中）。

3. 其他的组内成员需参与现场演练并根据接听电话中的问题进行交流与评价。

打电话的问题提纲：
问答记录：

组内交流与评价：

项目评价表

序号	评价内容	分值范围	评价依据	自主评分
1	对社交礼仪中见面礼仪、往来礼仪、通信礼仪内容的掌握情况。	0～5分	将掌握情况及对内容的理解进行总结，并以电子文档或纸质形式提交给老师，再依据总结的内容情况评分。	
2	对中餐、西餐礼仪和位次排列规则内容的掌握情况。	0～5分		
3	对涉外礼仪内容的掌握情况。	0～5分		
4	任务一、任务三中乐学善思环节的完成情况。	0～20分	根据提交的方案情况评价。	
5	任务二中乐学善思环节的参与情况。	0～20分	根据在组内的观点表达情况评价。	
6	任务四、任务五中乐学善思环节的方案设计情况。	0～20分	根据方案设计、资料收集，及在组内的表达交流评价。	
7	实训活动中扮演角色的表演情况。	0～25分	根据现场接打电话的问答表现评价。	
得分（总分100分）				

项目五　师幼一日生活中的礼仪与沟通

学习起航

日常生活礼仪教育

某幼儿园带幼儿去公园春游，佳佳喝完了饮料瓶里的饮料，手拿空瓶左右寻找垃圾桶，但是没看到，她犹豫了一下，决定求助老师。于是，她跑到老师面前，举着空瓶给老师看，老师正忙于看顾其他幼儿，不耐烦地说：“拿着空瓶子给我干什么，快扔掉！”说完，随手往路边一扔，佳佳回头看了一下路边的瓶子，还是跟着老师走了。

佳佳其实初步有了不能随手扔垃圾的意识，她在寻找垃圾桶未果的情况下求助于老师，可老师的行为却误导了佳佳，佳佳以后也会模仿老师随手扔垃圾的行为。如果老师具有日常生活礼仪教育的意识，抓住这个难得的教育机会，耐心地告诉佳佳要找到垃圾桶再扔，佳佳就会很容易地学会不随手扔垃圾的基本礼仪。老师是幼儿模仿的对象，他们的言行举止对幼儿的影响是至关重要的。

学习目标

知识目标：

1. 了解幼儿教师在一日生活中的礼仪要求与实施方法。

2. 了解师幼一日生活中七个环节的礼仪与沟通内容，及幼儿礼仪培养内容。

能力目标：

1. 掌握幼儿教师在一日生活中的礼仪要求与实施方法，并在实际情景中进行运用。

2. 针对具体的工作情境，合理运用礼仪规范，保证一日活动中各个环节的工作任务顺利完成。

素质目标：

1. 乐于学习一日生活礼仪相应内容，树立良好的教师职业形象。

2. 树立正确的儿童教育观。

任务一　师幼在一日生活中的礼仪与沟通

任务目标

1. 了解幼儿教师在一日生活中的礼仪要求，并掌握幼儿礼仪教育的目标及教师礼仪要求。

2. 掌握幼儿礼仪教育实施的方法。

3. 掌握师幼一日生活中的沟通要求。

任务阐述

本任务共有三个板块内容，作为未来的幼儿教师，应该通过对各方面知识的学习提升自己的专业能力。所以，学生在学习本任务过程中应认真对待每个环节的内容，并自主查阅其他资料扩充自己的知识面，掌握幼儿一日活动各环节的礼仪要求、目标及实施礼仪教育的方法。

新知学习

一、幼儿教师一日生活礼仪的要求

1. 在教学活动中贯穿礼仪教育

幼儿礼仪教育是一种有目的、有计划地对幼儿实施素质教育的综合活动。将幼儿礼仪教育纳入幼儿教育课程中，旨在将幼儿礼仪教育作为一种有目的、有计划实施幼儿素质启蒙教育的手段。教学活动游戏化具有教学情景生活化、教学内容综合化、教学过程操作化、教学组织形式多样化的特点。在教学活动中，有意识地利用这些特点，可以对幼儿的礼仪行为进行直接的强化。

2. 在游戏中融入礼仪教育

游戏是幼儿的主导活动，在游戏活动中，不仅需要幼儿克服困难，还需要与他人合作共享成功的乐趣。教师在指导幼儿游戏时，根据幼儿行为品质形成的发展特点，充分调动幼儿游戏的主动性、积极性、创造性，对幼儿进行礼仪教育，能获得最佳效果。

3. 在日常生活活动中渗透礼仪教育

生活活动是指满足幼儿基本生活需要的活动，主要包括进餐、睡眠和盥洗等活动。一日生活为幼儿提供了很多礼仪行为道德形成的契机，幼儿只有在生活中才能积累社会经验，学习怎样做人、怎样生活。幼儿礼仪教育要从幼儿一日活动的各个环节抓起，幼儿园教师要对每个环节的行为提出具体的要求，把礼仪内容细化到各环节中。

开阔视野

一日活动是幼儿园工作的重心，每个环节都蕴含着独特的教育价值和意义。因此幼儿教师不仅需引导幼儿了解一日活动各环节的礼仪目标，也需明确一日活动各环节对自身的要求，如下表 5-1-1 所示。

表 5-1-1　幼儿园一日活动各环节的礼仪目标及教师礼仪要求

环节名称	幼儿礼仪目标	教师礼仪要求
入园	能高高兴兴来园，见到老师会问好。	早晨，教师应提前到园，做到衣着整洁、大方，在活动室门口笑脸恭候每一位幼儿和家长；幼儿问早，教师应回礼。
晨间活动	愿意参加活动，能与同伴一起玩。	—
早操	能情绪愉快地边听音乐边跟随老师做动作。	—
早餐	能喝完自己的一份牛奶，并学习将牛奶袋（盒）扔入垃圾桶。	用餐时，教师要给予悉心照顾。
上课	能专心倾听，敢于在大家面前大胆发言。	上课时，教师的目光要柔和、亲切、有神，教师的动作、声音、表情要恰如其分，给幼儿一个完美的形象。
休息	离开位置时，能将小椅子放好，及时小便、喝水，不在室内奔跑。	—
户外活动	在规定范围内活动，按正确方法玩玩具，并学习、遵守游戏规则。	—
盥洗	自己洗手，不玩水，洗完后能及时关好水龙头。	—
饭前活动	在位置上安静活动。	—
午餐	安静地进餐，能吃完自己的一份饭菜，不挑食，饭后会洗手，用小毛巾擦手擦脸。	用餐时，教师要给予悉心的照顾。
饭后活动	在指定的区域安静地活动。	—
午睡	睡前及时如厕，能在老师的帮助下脱掉外套和鞋子，并摆放在指定的地方，安静地入睡。	—

续表

环节名称	幼儿礼仪目标	教师礼仪要求
起床	在老师的帮助下，穿好外套和鞋子，同伴之间能互相帮助，能听音乐跟随老师做动作。	—
午间操	能听着音乐，有精神地活动。	—
午点	洗净手，在位置上及时安静地吃完自己的一份点心。	用餐时，教师要给予悉心的照顾。
游戏活动	能愉快地参加游戏活动并遵守游戏规则，在活动中能互相合作、互相帮助。	游戏时，教师要成为幼儿的伙伴；幼儿犯错误时要正面引导教育，不要大声训斥或变相体罚。
离园活动	在自己位置上边活动边等待家长来接，见到家长后情绪愉快地与老师再见。	—

注：由于每个年龄段幼儿的认知能力和心理发展水平各不相同，幼儿礼仪的形成和发展具有持续性的特点。

二、幼儿礼仪教育的方法

1. 行为训练法

礼仪教育不是单纯的知识教育，而是文明行为的训练和良好习惯的养成，它具有十分鲜明的操作性和实践性。只有经过实际的行为训练，礼仪教育才能收到较好的成效。幼儿良好礼仪行为的培养，是由“行”到“情”，再由“情”到“知”的转化，然后，将“知”“情”“行”合而为一的过程。所以，必须为幼儿提供实践活动的机会，让幼儿在实践中体会礼仪行为的意义，内化礼仪品质，学会做人，学会生活。因此，可以布置适当的任务让幼儿去做，或者创设一定的情境让幼儿练习，使他们在实践中体会乐趣，加深印象，学会礼仪。

2. 榜样示范法

幼儿的思维是直观、具体、形象的。模仿是幼儿最初和最基本的行为学习方式。生动的榜样、鲜活的范例，比语言的说教更容易使幼儿信服，能产生最直接、最具体的影响，并留下深刻的印象。正因为如此，幼儿生活环境中的成年人都应当具有自觉的文明礼仪行为，在点滴的生活小事上为幼儿做出榜样，潜移默化地影响和感染幼儿，榜样对于幼儿来说具有极大的感召力。

孔子云：“其身正，不令而行；其身不正，虽令不从。”可见身教重于言教。教师的一言一行、一举一动，都会潜移默化地影响和感染幼儿。我国古人就提倡“教子以德”，许多教育家与名人更是强调家庭中要重视礼仪教育，所以家长的礼仪行为在幼儿礼仪行为养成教育中起着最直接和最重要的作用。因此，家长应以身作则，为幼儿树立礼仪典范。

3. 情景感染法

情景感染法是指教师在礼仪教育过程中，积极创设情景，烘托一种陶冶情感的气氛，把孩子引入喜、怒、哀、乐的情景中，使其为情景所感动，产生情感共鸣。为幼儿创设主题情景，让幼儿通过情景演练，获得并强化第一情感体验，这是对礼仪教育内容的复习、运用和巩固，是对幼儿的综合考察，能促进幼儿内化，最终形成良好的礼仪习惯。如可以开展“娃娃家”“小医院”“小超市”等情景表演，让幼儿在所创设的情境中进行实际演练，体会礼仪教育过程中强调的礼貌用语、人际交往等方面的要求，最终形成稳定的礼仪习惯。

4. 启发引导法

在礼仪教育过程中，教师适时适度地引导点拨，让幼儿清楚为什么要这样做，哪些是好的礼仪行为，能帮助幼儿克服行为上的盲目性和形式上的机械模仿。幼儿年龄小，思维水平较低，理解能力较差。面对这样的教育群体，幼儿教师在礼仪教育的过程中，就需要采用启发引导的方法，对幼儿进行点拨，唤醒幼儿对礼仪教育的主动性，同时，防止幼儿的盲目行为。

5. 环境熏陶法

环境熏陶法是指教师、家长创设和利用良好的礼仪环境来教育幼儿的方法。这是一种以隐性教育为主的间接教育法。良好的环境能营造强大的精神氛围，它具有极强的能量和深刻的内涵，对培养幼儿的礼仪行为十分有利。这里说的环境主要包括幼儿园、家庭和社会的精神环境以及物质环境。对幼儿进行礼仪教育可以采用多种方法，通过多种渠道。只要我们针对幼儿的心理，让他们乐中有学，玩中有学，在多种有趣的活动中挖掘素材，循循善诱地进行引导，使他们在学习中受启发、明道理，在实践中见行动，就能使他们学会以礼待人，文明礼貌。

三、师幼一日生活中的沟通要求

在幼儿园这个相对特殊的环境里，教师伴随着幼儿的一日生活，语言是师幼之间沟通的最直接途径。幼儿的模仿性非常强，教师的一言一行都在潜移默化地影响着幼儿。因此，教师与幼儿进行语言沟通交流时，应符合特定的要求、规范及标准。

1. 规范性

规范性，指教师的语言应当符合国家有关教师规范的要求。教师在与幼儿沟通的过程中，只有使用规范的语言，才有可能对幼儿产生正面的示范效应。2～6 岁是幼儿智力发展和语言学习的最佳时期。他们的语言大部分是通过没有外界压力的自然观察和模仿而习得的，缺乏语言识别能力。所以，幼儿教师只有使用规范的语言，才能抓住幼儿学习语言的关键时期，对幼儿语言发展产生正面的示范效应。

教师语言的规范是指语音、词汇和语法等要符合全国通用的普通话的规范。在语音方面，做到发音清楚、吐字准确，不使用方言，不念错字，要让幼儿听懂、听清教师在说什么，幼儿只有听得清楚，才能逐渐理解。在语法方面，力求避免搭配不当、语句不通、口头禅泛滥等不规范现象。在修辞方面，避免用词不当、前后矛盾等。总之，教师应当加强语言的基本功训练，尽量做到顺畅、准确地使用普通话。

2. 针对性

针对性，指幼儿教师在一日教育活动中，应当根据不同的教育内容、学习材料或学习环境以及不同水平、不同特点或不同年龄的幼儿，运用不同的沟通语言，即因材施教。教师语言的选择和运用必须考虑幼儿现有的语言接受能力。例如，对刚入园和小班的幼儿使用温和、儿童化的语言，对中班和大班的幼儿使用亲切、规范化的语言；对接受能力较强的幼儿多使用肯定性、褒奖性的语言，对接受能力较差的幼儿则多使用鼓励性、包容性的语言等。

3. 启发性

启发性，指教师的语言能够诱发幼儿思考并让他们有所领悟。高明的教师并不直接把知识灌输给学生，而是用诱导性的教学语言启发学生求知的欲望，充分调动学生学习的自觉性、积极性。教师口语的启发性建立在幼儿学习、反馈的基础上，教师从幼儿的一举一动中透视他们的理解程度，审时度势地循循善诱，从而开阔幼儿的思维，发展幼儿的智力。在实际教学中，教师应作为教学的主导随时注意开启幼儿的思路，启发幼儿开动脑筋、积极思考、发现问题，逐步提高幼儿分析问题、解决问题的能力，使幼儿获得知识、能力、创造力的全面发展。

4. 情感性

情感性，指教师的语言应当充满情感的色彩。在幼儿教育过程中，教师的主要任务不是传授知识，而是通过与幼儿之间的接触达到心灵和情感方面的沟通、交流。教师要发挥好主导地位，就要学会在教学过程中合理地运用情感性教学语言来感染幼儿，引起他们内心世界的共鸣，使他们对幼儿园生活、学习产生浓厚的兴趣。教师语言的情感性主要表现在两个方面：一方面，教师通过语言将活动内容、活动过程中的情感因素传达给幼儿，让幼儿充分体会这些情感，从而在活动中获得乐趣和情感的满足；另一方面，教师在与幼儿的交流中，所使用的语言直接体现出情感的色彩，以表达教师对幼儿的尊重、关爱等。

5. 趣味性

新的教育观强调，幼儿教育不是教师教授幼儿学习的活动，而是教师在组织活动中观察了解幼儿，诱发幼儿的积极性、主动性和创造性，激发幼儿学习兴趣的过程。教师的作用不仅在于用语言有意识地提供信息、传递知识，而且还应有目的地影响幼儿的学习和认知活动。富有趣味性的语言能够激发幼儿的兴趣，把幼儿潜在的学习积极性充分调动起来，使他们在愉快的气氛中自觉、主动地学习。教学时，教师应从幼儿活动的实际出发，抓住幼儿的特点，使用生动、有趣、具有感染力、贴近幼儿生活的沟通语言，使课堂充满活力，教学活动得以顺利开展。但在趣味性语言的使用过程中，还应该注意避免两种倾向：“儿童化”和“成人化”。趣味性的语言既不能太过“儿童化”，也不能过于“成人化”。教师使用的语言应浅显易懂，但绝不能降低语言的水平，不可过于迁就幼儿的语言使用习惯，只有这样，才能真正发挥趣味性语言的魅力。

乐学善思

请你根据中班幼儿的礼仪教育目标，以“我爱劳动”为主题设计一节教学活动，并写出具体实施方案，以电子文档或纸质作业形式提交给老师。

任务二　师幼入园礼仪与沟通

任务目标

1. 了解幼儿教师在幼儿入园时的接待礼仪与沟通内容。
2. 掌握幼儿入园礼仪的培养内容。

任务阐述

入园是幼儿教师开始一日工作，幼儿开始一日生活的重要环节。因此，在本任务学习中，学生应深入学习入园环节的内容，也可自主查阅观看幼儿园入园礼仪与沟通相关视频，了解幼儿园入园时的真实情况，更好地掌握幼儿教师在入园环节的礼仪与沟通内容。

新知学习

哭闹的嘉欣

嘉欣小朋友来园的第一天又哭又闹，当天晚上，张老师及时和她的家长进行了沟通。张老师发现她的爸爸妈妈工作比较忙，一直都是爷爷奶奶带她。她平时在家里爱撒娇、依赖性强，同时，也是个特别爱美的小姑娘，最喜欢的动画人物就是白雪公主。第二天，嘉欣入园，依然像昨天一样又哭又闹，张老师赶紧迎上去，蹲下身来，热情地看着她说：“豆豆（嘉欣的小名）早上好！豆豆今天穿的裙子好漂亮啊，就像白雪公主一样。来，让我看看。”张老师一边说，一边从妈妈的手中接过嘉欣，亲切地把嘉欣抱在怀中，用纸巾帮她擦擦眼泪。“一哭就不漂亮了。你看，这是什么？”张老师像变魔术一样拿出一个芭比娃娃，“你的裙子和小娃娃的裙子是一样的颜色！”嘉欣很快被芭比娃娃吸引住了，虽然脸上还挂着泪珠，可是，她已经开心地玩了起来。

入园是幼儿一日集体活动的开始，也是保证幼儿愉快在园、家长能够安心工作的首要环节。

一、师幼入园接待礼仪与沟通

入园接待

（一）入园接待

1. 热情、亲切的态度

当幼儿进入幼儿园时，教师应主动与家长打招呼，如“×× 妈妈，您好，准时送孩子来啦”“×× 妈妈，请把孩子交给我吧”。教师态度热情、亲切地把快乐和关爱送给每位孩子，使幼儿能愉快入园；教育幼儿使用礼貌用语，指导幼儿将衣物放整齐；观察幼儿的精神面貌，与幼儿亲切交谈，做好个别幼儿的安抚工作。这样会在一定程度上缓解幼儿的焦虑，减少他们的不安全感，以使其更快地适应新环境，同时，也会让家长更放心地把孩子交给老师。

2. 温暖的肢体语言

小班幼儿入园时一般只有三岁左右。入园前，他们已习惯了在家长的呵护下生活。所以在接待幼儿时，教师能够蹲下来，牵牵他们的小手，给他们一个热情而温暖的拥抱，就会让幼儿对教师产生亲切感和深深的依恋，使他们觉得即使离开了家长的怀抱也依然是安全的，从而在心理上信任教师，愿意和教师一起参加各种活动。

3. 热情主动地问候

在接待幼儿入园时，我们除了是教师，还要扮演幼儿亲人的角色。在送上一个亲切的微笑、一个爱意的拥抱的同时，还要热情主动地问候每位家长和幼儿，如“××，早上好”；同时教师要引导幼儿主动向园长、教师、同伴问好，如“××，早上好”；引导幼儿主动向家长道别，如“爸爸、妈妈，再见！路上小心”；引导家长对幼儿的道别要及时回应，如“宝宝，再见”。另外，教师要让幼儿自己背书包（教师酌情协助小班幼儿）。

如果幼儿有哭闹行为，教师要用温柔、亲切的语言劝导幼儿，还要和家长进行简短的交流，了解幼儿哭闹的原因，以便在教育中采用恰当的方法，让幼儿在最短的时间内恢复快乐的情绪。

大、中、小班的入园环节可组织本班幼儿与教师一起接待。

（二）入园晨检

入园晨检

幼儿教师对幼儿进行晨检，应该做到“一摸、二看、三问、四查”，与家长做好交接工作。特别是对生病的幼儿要给予特殊照顾，并记录病因、病症、吃药等情况。

一摸：摸幼儿的额头、颌下和腮部。摸前额，检查是否发烧；摸颌下，用手指轻触下颌骨的下缘向下至颈部两侧，检查是否有肿大；摸腮部，检查腮部是否有肿大现象。

二看：看幼儿的精神状态、面色、咽部有无异常，皮肤有无皮疹或某些传染病的早期症状。如发现可疑症状，应及时送医务室诊断。

三问：向家长了解幼儿在家中的饮食、睡眠、大小便等方面的情况。

四查：查看幼儿的衣兜内有无不安全的物品，避免发生意外事故。

二、培养幼儿入园礼仪

入园接待活动是展示礼仪教育成果的一个重要窗口。每天早上，幼儿教师可以让礼仪宝宝身穿园服，肩披绶带，端庄挺拔地站在幼儿园门口两侧，微笑着迎接每一位幼儿和家长，一声声“叔叔好”“阿姨好”“小朋友好”和孩子们灿烂的笑脸，不仅给担任礼仪宝宝的幼儿带来了积极的情感体验，而且给入园的每一位幼儿和家长带来了舒心，营造出了和谐、温馨的氛围。

开阔视野

只注重有计划、有目的的集体礼仪教学活动是远远不够的，礼仪教育需经长期培养。更重要的是要将礼仪教育渗透在幼儿一日生活的各个环节之中，如可以通过礼仪小儿谣形式来培养幼儿良好礼仪习惯的养成，如表 5-2-1 所示。

表 5-2-1　培养幼儿一日生活礼仪小儿谣

一日生活环节		礼仪小儿谣
入园		早入园，不迟到，见老师，要问好； 小朋友，也问到，别父母，勿忘掉。
进餐	餐前	双手搬动小椅子，轻轻放在桌子旁； 有序小便不相挤，小便之后要洗手； 洗好小手握紧拳，轻轻走到桌子旁； 稳稳坐进小椅子，身体不摇也不晃。
	进餐	进餐前，手洗净，入座时，动作轻； 细细嚼，慢慢咽，不挑食，不剩饭。
盥洗	洗手	洗小手，不拥挤，排好队，袖卷起； 洗手时，擦香皂，洗完后，水关掉。
	七步洗手法	两个好朋友，手碰手，你背背我，我背背你； 来了一只小螃蟹，小螃蟹，举起两只大钳子，大钳子； 我和螃蟹点点头，点点头，螃蟹跟我握握手，握握手。
	如厕	如厕前，先敲门，有人在，要等待； 如厕后，要冲水，整好衣，把手洗。
户外活动		在户外，做游戏，与教师，不远离； 集合时，收玩具，守规则，讲秩序。

续表

一日生活环节		礼仪小儿谣
睡眠	穿脱衣服	睡觉前，先问安，按顺序，脱衣衫； 叠整齐，放身边，起床后，依次穿。
	睡觉	不蒙头，不趴睡，枕放正，盖好被； 小手空，右卧眠，早入睡，梦香甜。
	起床	起床时，要安静，去方便，步要轻； 衣穿好，被叠齐，先梳洗，后游戏。
离园		离园时，互道别，先教师，后同学； 见爸妈，问声好，抱一抱，更乖巧。

乐学善思

小二班有个叫叮当的小女生，每次一到幼儿园门口就哭着不愿意和妈妈分开，此时，如果你是班级接待老师，你会怎么和孩子及家长沟通呢？请在下面方框中写出一份沟通方案，并进行组内交流与评价。

任务三　师幼进餐礼仪与沟通

任务目标

1. 了解幼儿进餐礼仪中的环境要求。
2. 了解师幼进餐礼仪中餐前、进餐、餐后的礼仪与沟通内容。

任务阐述

本任务主要从幼儿园教师在幼儿一日生活礼仪中的环境要求，餐前、进餐、餐后的教师指导任务，与幼儿的沟通内容及如何培养幼儿养成良好的进餐礼仪等方面，介绍如何进行进餐礼仪教育。其中师幼进餐时的礼仪与沟通板块内容是学习的重点，学生学习时要着重对待。

新知学习

挑食的苗苗

苗苗是一个特别挑食的孩子，不喜欢吃蔬菜，每次都会把自己不喜欢吃的食物挑出去，有时候没有一样她爱吃的，她就一口也不吃，所以苗苗经常剩下很多饭菜。

孔老师发现了这个情况，就在午餐前特意给大家播放关于蔬菜的视频，告诉大家吃蔬菜的好处，并对苗苗说："只有吃蔬菜，苗苗才能健康地成长，才会越来越漂亮。"

老师还让幼儿们互相监督，做到不挑食，不剩饭。苗苗看过视频后，尝了尝蔬菜，一边吃一边想蔬菜里有哪些营养成分，不知不觉就把蔬菜吃光了。老师特意夸奖了苗苗，这让她很开心，之后苗苗每天都会吃蔬菜。

幼儿园通常会准备午餐、间餐和晚餐，中途还会配发水果或小点心，有些幼儿会在幼儿园食用三餐。在进餐环节中，教师的任务是引导幼儿掌握餐具的正确使用方法，养成良好的就餐行为习惯，做好幼儿进餐的辅助工作。

一、幼儿进餐环境要求

1. 进餐室内环境

幼儿在教室进餐，保育教师应保证教室通风、无异味，物品摆放整齐有序，就餐桌面按照规定进行清洁和消毒。有条件的幼儿园还可以布置统一的桌布、餐巾、餐垫等。

2. 进餐背景音乐

在进餐时间播放优美、舒缓的纯音乐，让幼儿轻松、愉快地完成用餐，有利于激发幼儿用餐的主动性和积极性。

进餐音乐播放时间以20～30分钟为宜，音量不宜过大，意在创设愉悦、平静的进餐氛围，培养幼儿良好的进餐习惯。

二、师幼进餐礼仪与沟通

（一）师幼餐前礼仪与沟通

进餐前教师指导工作如下。

（1）指导幼儿洗手，提醒幼儿正确的洗手顺序和洗手方法。幼儿教师需跟随观察幼儿洗手，因为幼儿最喜欢水，他们会在水池里玩水，可能会把衣袖弄湿，很容易生病。

（2）创造愉快安静的进餐气氛，餐前、餐中不处理问题，以免影响幼儿的情绪。

（3）向幼儿介绍饭菜，激起食欲，饭前激发食欲能让幼儿愉快进餐。

（4）注意照顾个别幼儿，特别是体弱的幼儿和生病的幼儿。

（5）安静进餐，坐姿良好。幼儿教师可依据班级幼儿的年龄特点调整进餐座位，并指导幼儿以正确的姿势就座，在进餐时保持安静，以防止影响进餐效率甚至影响健康。

（二）师幼进餐时的礼仪与沟通

1. 教师指导进餐

（1）教师指导幼儿正确使用餐具，保持正确的进餐姿势，并及时提醒幼儿正确的做法。

师幼进餐时的礼仪与沟通

（2）创建温馨的用餐语言环境。进餐中幼儿教师应语气温柔，表情自然亲切地提醒幼儿多吃些清淡可口的饭菜，不要强迫幼儿吃掉全部的食物。

（3）当发现个别幼儿需要指导时，教师应走到幼儿的旁边，蹲下与幼儿交流，避免远距离地大声呵斥或叫嚷，影响其他幼儿的进餐情绪。

（4）教师必须保证午餐时幼儿的进食量，当幼儿吃完时，教师应及时添加餐食。冬天，教师应多照顾体弱、吃饭慢的幼儿，不能让幼儿吃冷了的饭。对于体弱、肥胖、特殊的幼儿给予特殊照顾。

（5）食物的色、香、味、形等刺激可使人产生条件反射，引发食欲。因此，在每次吃饭前，教师可以温柔地向幼儿介绍当天的菜谱，告诉他们吃的是什么，哪些菜有营养，让幼儿闻一闻菜的香味，充分激发幼儿的食欲。

2. 培养幼儿进餐礼仪

当幼儿进餐时，应遵守以下进餐礼仪。

（1）小脚并拢，放在椅子前，身体紧靠饭桌，一手扶着碗，一手拿勺子，然后开始吃饭。

（2）饭菜搭配吃，一口饭一口菜，细嚼慢咽，不发出声音。

（3）吃饭时不说话，小勺子轻轻舀轻轻刮，吃饭时保持桌面和地面的干净。

（4）10 分钟内安静吃，10 分钟后有事小声说，不应边吃边说。

（5）节约粮食不剩饭，不挑食。

（6）需要添饭菜，举手请求老师来帮忙。

（7）饭菜吃完再喝汤，最后吃水果。

（8）吃饭时若有垃圾，轻轻放入垃圾盘。

（9）汤水打翻时，要及时避让，不弄脏衣服，找来抹布擦拭，抹布用后放回原处。

（10）自己的事情自己做。

（三）师幼餐后礼仪

1. 教师指导餐后行为

（1）就餐完毕后，教师和幼儿使用擦桌布整理餐桌，将掉在桌子上的食物残渣收集到残渣盘中，放好使用的座椅。

（2）指导幼儿正确地将使用过的餐具收回，按要求分类放到指定位置并摆好。

（3）最后教师指导幼儿到洗手池清洁双手、漱口，到指定区域玩耍休息。

2. 培养幼儿餐后礼仪

（1）用餐快结束时，仔细检查盘中盘底、桌面地面，看到剩余饭菜，送入指定地方。

（2）用餐结束后，先是站起身，再将椅子推入桌，接着再去拿盘子。

（3）手中有盘子时，走路要小心，来到指定处，慢慢弯下身，用勺子轻轻刮，将剩余饭菜倒入桶里，再将盘子叠整齐，勺子放一起。

（4）小杯子里放点水，含在嘴里扬起头，然后将水“咕噜噜”吐出来。

（5）小毛巾拿在手中，擦好嘴巴翻一面，然后再来擦脸，用过毛巾叠整齐，放到指定位置。

3. 餐后活动安排

午餐就餐结束后，教师可组织幼儿进行 10 ～ 15 分钟的散步、读书或者讲故事等安静、轻松的活动，要求幼儿不做剧烈活动，不能马上入睡。

⑦ 乐学善思

每次中午吃饭时，中一班的小男生元宝总是说“老师你喂我吃吧”，而且吃饭时还故意把饭洒在桌子上，并且挑食。如果你是中一班的班主任，你会怎么处理呢？请写出一份处理方案（记录在下面方框中），并以学习小组为单位在组内交流与评价。

方案：
组内交流与评价：

任务四　师幼盥洗礼仪与沟通

任务目标

1. 了解师幼盥洗环节礼仪与沟通内容。
2. 了解培养幼儿盥洗礼仪的内容。

任务阐述

本任务主要从幼儿园教师在幼儿盥洗礼仪中的指导任务与培养幼儿盥洗礼仪的内容两个方面，介绍如何进行盥洗礼仪教育，使幼儿教师掌握并正确运用盥洗礼仪。

新知学习

手上的细菌

跳跳刚刚进入幼儿园，有很多事情不习惯，如洗手这件事。跳跳很喜欢吃零食，吃完零食后，手上都是食物的残渣，但只要老师不催他洗，他就不会洗，结果他摸过的地方总是油油的。老师一直想纠正他的这个坏习惯。

这天户外活动时，跳跳在脚边发现了一条虫子，吓了一跳，赶忙扑到老师怀里。老师看跳跳这么怕虫子，便说道：“跳跳知道什么是细菌吗？”跳跳说：“不知道，细菌是什么？”老师说：“细菌是一种小虫子，我们肉眼看不到的，我们的手上也有细菌，而且手越脏，细菌就越多。”跳跳赶忙看了看自己的手：“啊？我的手上也有小虫子啊！”老师接着说：“对啊，这就是我们要洗手的原因，就是要把细菌洗掉，不然吃食物的时候就吃到肚子里了。”跳跳听老师这么说，皱了皱眉头说：“那我以前吃了很多细菌了。”“所以跳跳以后一定要勤洗手，知道吗？”跳跳点了点头。

从那以后，跳跳的手总是干干净净的，每次吃食物前后都会自觉地去洗手。

盥洗环节是培养幼儿正确洗手、漱口、如厕习惯的环节，使幼儿饭前、便后、手脏时能主动提出洗手。教师在这一环节需要组织幼儿有序排队，不推不挤，有序如厕、洗手。

师幼盥洗礼仪

一、排队等候环节

教师组织幼儿洗手时，注意引导幼儿耐心排队等候。小班幼儿年龄较小，刚刚开始集体生活，对他们来说排队是一件比较困难的事情，他们常常出现顾前不顾后或者顾后不顾前的情况。这时候教师可以使用游戏的方法组织幼儿排队，如“开火车”游戏，幼儿双手拉着前面幼儿的衣角，跟着教师做开火车的动作，转移幼儿的注意力。

二、正确的洗手方法

在洗手的过程中，带班教师要和生活老师一起观察幼儿洗手的情况，及时提醒幼儿洗手的方法。在洗手前提醒、帮助幼儿卷袖子，洗完手后放袖子。教师可以带领幼儿边唱歌曲边洗手，如《洗手歌》：“挽起袖口，洗洗小手，我们来洗手；打开龙头，搓搓肥皂，脏脏都冲走……”提示幼儿正确的洗手方法。小班幼儿可以边说洗手的歌谣，边洗手。

组织幼儿去盥洗室，除了排队外，教师还可以在教室组织幼儿做一些活动，如讲故事、说儿歌等活动，安排幼儿分组去盥洗室。最后，教师还要提醒幼儿在洗干净手的前提下，节约水、香皂或洗手液，不玩水，更不能打闹嬉戏，擦完手后，将毛巾挂到正确的位置上。

此环节进行时，教师也应尝试培养幼儿自己按照“七步洗手法”养成正确的洗手习惯，具备良好的盥洗礼仪意识。

首先，挽起袖口，稍微洗一下手，滴上洗手液，然后，按照“七步洗手法”开始洗手。

（1）掌心相对，手指并拢相互搓擦。

（2）手心对手背，沿指缝相互搓擦，交换进行。

（3）掌心相对，沿指缝相互搓擦。

（4）弯曲手指关节，双手十指相扣，相互搓擦。

（5）一只手握另一只手大拇指旋转搓擦，交换进行。

（6）将五个手指尖并拢在另一只手掌心旋转搓擦，交换进行。

（7）螺旋式擦洗手腕，交换进行。

七步洗手法

以上每个步骤洗五次，持续 30 ～ 35 秒。最后，用流水冲洗干净，关好水龙头，晾干手。幼儿教师可将“洗手七步法”张贴在幼儿洗手地方的墙壁上，经常提醒幼儿正确的洗手方法，以便于幼儿养成良好的习惯。

三、正确的漱口方法

指导幼儿使用正确的漱口方法：左手拿水杯，嘴里含一口水，闭上嘴巴鼓腮，让水在口腔内冲刷口腔及牙齿 3 ～ 4 下，然后低头弯腰将水吐入水池内，吐水时避免溅起的水花弄脏自己或他人，连续进行三四次即可。漱口完毕后，将水杯放回原处、摆放整齐。注意，漱口不要影响他人，不要拥挤。

四、幼儿如厕环节

幼儿如厕时教师应观察并予以帮助。幼儿各项器官发育不完全，教师应允许幼儿根据需要随时大小便。教师还要在饭前、外出、入睡、起床后提醒幼儿上厕所，提醒幼儿便后要洗手。在如厕环节，小班幼儿教师应指导幼儿熟悉厕所环境，了解厕具的使用方法，向幼儿讲解站的位置，怎样脱裤子和整理裤子，如何大小便，如何正确使用手纸。一般幼儿如厕的间隔时间为 40 分钟左右，教师每隔半小时提醒幼儿，还要记住哪些幼儿去了，哪些没有去，下次如厕的时候，没去的幼儿是提醒的重点。帮助幼儿养成按时如厕的习惯，让幼儿由教师提醒如厕过渡到自己能够按需如厕。

此环节进行时，教师也应尝试培养幼儿自己建立良好的如厕礼仪，如厕时也应注意以下几点。

（1）敲门时，声音不宜过大。

（2）等待时，不要催促里面正在上厕所的幼儿。

（3）使用完厕所要及时冲刷。

（4）出厕所前，要将衣服整理好。

（5）合理使用卫生纸，注意节约。

? 乐学善思

淘淘每次洗手都玩水，把盥洗室弄得到处都是水，你将如何改正淘淘的不良习惯呢？请在下面方框中写出一份方案并在组内交流与评价。

方案设计：
组内交流与评价：

任务五　师幼教育活动中的礼仪与沟通

任务目标

1. 了解幼儿教师在教育活动中的教师礼仪与沟通内容。
2. 掌握师幼在教学活动中的礼仪与沟通内容。

任务阐述

本任务主要从幼儿教师在教育活动中的礼仪、师幼在教育活动中的沟通和师幼在教学活动中的沟通三个板块进行介绍。其中师幼在教学活动中的沟通内容较难且更多地需要在实践中进行经验提升，所以，学生在学习过程中可以查阅一些幼儿园优质课的相关教学视频，并对教师教学活动中的语言进行深入分析，在实训活动中进行合理的运用。

新知学习

调皮的凡凡

凡凡是一个特别调皮的幼儿，爱说话，爱打闹，上课时总是爱搞小动作，一会儿跟小朋友说话，一会儿玩自己的玩具。户外活动时，他总是又跑又跳，横冲直撞，经常把别的幼儿撞倒，告状的幼儿接连不断。

在教育活动时，老师经常会因为凡凡的调皮捣蛋而不得不终止活动。于是，老师经常教育凡 凡，“凡凡，上课要认真听讲，不要玩玩具”“凡凡，你怎么又把小朋友撞倒了，不要在教室里乱跑”“凡凡，不要推其他小朋友”……可是，每次说完，凡凡只安静了一会儿，就又开始调皮捣蛋。老师实在生气了，就对着孩子们用方言大声训斥凡凡。为此，老师经常受到校长的批评。

幼儿教育的任务是通过具体的教育活动来完成的。因此，科学组织教育活动，提高幼儿一日活动质量，是促进幼儿全面发展的重要手段和途径。幼儿教师应做好教育活动的常规工作，遵守教育活动规则。

一、幼儿教师在教育活动中的礼仪

1. 精心准备，激发兴趣

幼儿教师要准备与教育相适应的学具、教具，创设良好的学习环境，引导幼儿运用各种感官积极参与户外活动。

2. 仪表端庄，仪态优雅

幼儿教师要根据教学主题选择合适的服装；坐、立、行、蹲要符合礼仪规范，努力做到仪表端庄，仪态优雅；科学指导幼儿养成正确的礼仪规范；培养幼儿诚实勇敢、团结友爱、不怕困难、活泼开朗的品性，以及讲礼貌、守纪律的良好习惯。

3. 情绪饱满，教态亲切自然

幼儿教师的表情要亲切，动作要轻柔，目光要有神且充满爱；要展现出生机活力，活跃课堂气氛，引领幼儿积极参与教学活动；要恰当运用情态语言、身势语言、空间语言等各种体态语，做好教学活动的组织与安排，对个别捣乱的孩子可以使用目光语提醒，切勿大呼小叫；要借助体态语直观形象地讲解内容，表达丰富的教学情感，把科学知识和品德教育有机地结合在一起。

4. 语言简练，生动形象

幼儿教师要讲标准普通话，尽量用浅显易懂、直观形象的语言向幼儿讲述知识，说明道理；要认真倾听幼儿的发言，目光注视并及时给予肯定；对幼儿的感谢要及时表达，如“谢谢××”；对幼儿的点滴进步都要充满爱心地给予充分赞扬，如“你们表现得真棒”；切勿随意贬低幼儿，如“你怎么这么笨！别人都会就你不会”。

二、师幼在教育活动中的沟通

1. 集体活动中的沟通

集体活动时，幼儿相对比较多，加之幼儿耐心比较差，此时，如果教师的语言烦琐、冗长，幼儿的积极性就可能受挫，影响活动功能的发挥。因此，教师在集体活动中，语言要精练、准确，且富有童趣，这样才能与幼儿更好地开展交流。

要想调动幼儿的积极性，教师需要用一些具有号召性、感染性、煽动性的语言，这样才更能使幼儿积极主动地参加活动，乐于与他人沟通交流、合作配合。

2. 区角活动中的沟通

幼儿园设有多项活动区域，主要有生活区、语言区、美工区、科学区、建构区、角色游戏区等。在不同的区角活动中，幼儿教师的沟通语言应该有所区别，这样才能真正发挥不同区角活动的作用。

（1）生活区。

生活区能进行模仿现实的操作与练习，要想让幼儿真正感受到生活的气息，教师必须使用生动活泼、有生活气息的语言，这样才能让幼儿感到更加亲切。当然，生活区游戏中的语言也不能太俗语化，否则，就违背了以普通话为标准语言教学的要求。

（2）语言区。

语言区的主要功能是通过观察、操作、拼摆多种材料（如图书、头饰、手偶等）的讲述活动，以发展幼儿的观察能力和语言表达能力。

语言区的沟通语言要准确。幼儿期是语言发展的关键期，教师用语对幼儿的发展至关重要。2～3岁是口头语言发育的关键期，4～5岁是开始学习书面语言的关键期。教师在幼儿语言发育的关键期，应该利用一切方法，调动幼儿的积极性，充分发挥幼儿学习语言的关键期的作用。教师自己的语言要准确，发音要规范。特别是在进行双语教学的时候，教师更应该注意语言的规范性和准确性。

对小班幼儿，教师多采用直接指导的方法，通过语言示范、启发提问、具体讲解等手段，培养他们的听、说、读、写技能。对中大班幼儿，教师多采用启发、引导的方法，培养幼儿用较完整的句子比较连贯地讲述，独立阅读感兴趣的图书，有礼貌地倾听别人讲话，并与同伴共同创编诗歌。

（3）美工区。

美工区的主要功能是通过撕、贴、剪、画、捏、做等美术操作表现活动，发展幼儿的动作操作能力及欣赏美、表现美和创造美的能力。

美工区的语言要有绘画性，就是要求教师的语言能够形象地描述各种美术画面和实体，在幼儿欣赏美术时，充分运用语言的美，来引导幼儿深入地感知美。

（4）科学区。

科学区的主要功能是通过各种科学小游戏及数学操作活动，从小培养幼儿对科学探索的兴趣，发展幼儿的数学能力、动手操作能力等。

科学区的语言要严谨。严谨是自然科学的一贯要求，否则失之毫厘，谬以千里。在科学区，教师的语言表达一定要严谨、规范，这样才能培养幼儿的科学思维、逻辑思维。

（5）建构区。

建构区的主要功能是利用积木、酸奶盒、易拉罐、纸盒、玉米瓤等进行建构活动，培养幼儿的空间知觉，发展幼儿的空间想象力、动手操作能力及交流合作能力。

（6）角色游戏。

角色游戏是幼儿通过扮演角色，运用想象，创造性地反映现实生活的一种游戏形式。模仿各种社会活动，有助于幼儿学习各种社会性行为，发展交往能力，培养主动性、独立性和创造性，促进社会性的发展。

角色游戏的语言要有表演性。“表演性”是指语言要符合特定人物的角色定位。教师的语言要恰到好处地抓住各类角色的性格特征。

3. 小组游戏中的沟通

教师在小组游戏中，要充分发挥好引导者和组织者的作用，有意识地引导幼儿之间互相合作、取长补短。

现代社会既是高度合作的社会，也是高度竞争的社会，竞争无处不在。在小组游戏中，小组间的互相竞争，既增加了游戏的趣味性，也培养了幼儿的竞争精神。竞争对于培养幼儿积极向上的进取精神具有十分重要的作用。在小组游戏中，教师应该引导幼儿正确对待输赢。对害怕竞争、胆小的幼儿应该以正面引导为主，使其克服内心的恐惧、胆怯，敢于接受竞争；对于活泼、胆子较大的幼儿，应该让他们明白要遵守游戏规则，不能为了赢得比赛而不顾规则。

4. 个别引导时的沟通

教师对个别幼儿进行引导时，要善于观察幼儿的一举一动，透过其行为特征了解幼儿的性格和内心。同时，也需要倾听幼儿的内心世界，这样才能真正走进幼儿的心灵世界，做到与幼儿有效沟通。要善于发现幼儿的闪光点，适时进行赏识和表扬，培养其自尊心和自信心。

在与幼儿沟通时，教师要能够同各种气质、性格的幼儿打交道，善于与幼儿进行心灵的交流，要能够因“心”施教。

三、师幼在教学过程中的沟通

师幼的沟通是幼儿园开展教育教学工作最重要的内容。幼儿教师的沟通语言直接关系到幼儿园教学质量和幼儿思维、智力、语言水平的提高。幼儿教师教学中的沟通语言包括导入语、过渡语、示范语、讲授语、提问语、结束语、理答语等多种教学语言形式。

（一）导入、过渡环节的沟通语言

大班美术说课：鞋底花纹

1. 导入环节的沟通语言

（1）导入语的内涵与作用。

导入语俗称开场白，是教师在讲正课前围绕教学目标而精心设计的一段简练的教学语言，是指导幼儿由非学习状态转入本次活动学习状态的准备阶段。导入语的形式有创设氛围类、操作活动类、语言描述类、媒体综合类等。

“良好的开端，是成功的一半。”导入语虽然简短，却是课堂教学的一个重要环节，具有不可忽视的作用。结合幼儿的学习特点和学习规律采用生动灵活、形式多样、富有变化的导入语，能够起到组织教学、引起幼儿注意、把握学习目标、联系新旧知识、激发幼儿学习兴趣、启迪幼儿思维，从而促进幼儿身心全面健康发展的作用。

（2）导入语的类型。

幼儿教师在集体教学活动中所使用的教学导入语多种多样，主要包括衔接导入、布障导入、目的导入、介绍背景导入、概括叙述导入、兴趣导入、复习导入、直接导入、提问导入、即兴演讲导入、故事与演示导入、游戏导入、悬念导入、情境创设导入、歌曲导入、热点导入、实验导入、观察导入、实践导入、惊奇现象导入、肢体体验导入、谜语导入、讨论导入、温故知新导入、设疑导入、图片导入、故事导入、实物演示导入、对比导入、质疑导入等。以下着重介绍几种幼儿园教育教学活动常用的导入法类型。

①直接导入法。直接导入是最常见的传统的导入法，这种方法不拐弯抹角，可以起到开门见山、直截了当、简洁明快的效果，三言两语就能直切正题。例如，在健康领域“快乐的皮球”活动中，教师可直接出示皮球：“现在，我们要和皮球宝宝一起玩‘跳跳跳’的游戏，你们愿意参加我的活动吗？喜欢的小朋友可以到我这里抱走一个皮球宝宝玩。”

②歌曲导入法。在进入新课前，可以通过播放与该课内容相关的歌曲创设一种情境，美

妙的音乐、优美的歌声能够把幼儿带入一片清纯而幻美的世界。歌曲导入法能够起到激发和感染幼儿情绪、增强课程的感染力、提高教学效果、使幼儿快速进入教学氛围等作用，同时，歌词的内容也可辅助教学。例如，在语言领域“《萤火虫》”活动中，教师可播放歌曲《虫儿飞》，带领幼儿感受萤火虫在夏夜的天空中飞来飞去的美好情景。

③设疑导入法。古人云：“学起于思，思源于疑。”一个问题的提出往往能够激发幼儿的思考，带着疑问进入新课。设疑导入法就是抓住幼儿强烈的好奇心，在教学过程中为解答教学难点、申明教学重点而设置问题。这种导入方法开门见山、简洁明快，能收到很好的课堂效果。例如，在科学活动“动物的尾巴”中，教师问幼儿：“小朋友们，人有没有尾巴呢？那么，动物为什么有尾巴呢？它们的尾巴又有什么用处呢？今天我们就来看看动物的尾巴吧！我这里有好多动物尾巴的图片，你们来猜一猜这是谁的尾巴吧。”几个新奇的提问就把幼儿的注意力全吸引了过来，也激发了幼儿学习的热情。

④图片导入法。图片导入法是教师在导入过程中使用的，根据教学内容查阅或制作的相关图片、插图的方法。该方法具有新鲜感，能够引发幼儿的注意与兴趣，既锻炼了教师的综合能力，又达到了寓教于乐的目的。充分发挥图片的作用，以此导入新课，会收到良好的效果。例如，在科学活动“家用电器用处大”中，教师先出示各种电器的图片，让幼儿观察并快速说出名称，再猜一猜这些电器能帮助我们做什么事情。

⑤故事导入法。故事对幼儿来说有一种特殊的魅力，以此法导入课程，幼儿的兴趣很浓，注意力会高度集中。教师在课堂中如果能根据幼儿的这一特点，采用故事导入课程，无疑会起到事半功倍的效果。例如，在科学活动“黄豆宝宝变魔术”活动中，教师先给幼儿讲述故事《老豆爷爷过生日》，让幼儿知道豆芽、豆腐、酱油、轮胎都是用黄豆做成的，从而引起幼儿进一步探究的兴趣。

⑥实物演示导入法。实物能增强教学的直观性和形象性。授课之前，出示与课堂内容有关的实物，导入自然，有利于创设教学情境，便于幼儿理解。例如，在泥工活动“好吃的饼干”活动中，教师先出示各种各样的饼干，请幼儿观察并品尝，然后提问：“小朋友吃了饼干，请说一说它们都是什么形状、什么颜色、什么味道的，你最喜欢哪一种？如果你是面点师，你想做什么形状、什么味道的饼干？”从而引入活动。

（3）导入语的设计原则与要求。

导语形式多种多样、不拘一格，但不管采用何种方式和何种角度导入，都必须结合教材和幼儿实际，为全课的教学目的和教学重点服务，遵循教育学、心理学的原理和方法，切忌重知轻能、冗长拖沓、平淡刻板、牵强附会、老套无趣。

①趣味性。生动形象、灵活多变、富有变化的导入语能激起幼儿学习的兴趣和求知欲，为幼儿的整体与长远发展打下坚实的基础。

②鼓动性。好的导入语能调动幼儿的课堂情绪，进而促进幼儿向学习主体地位的转变。

③启发性。好的导入语能够促发幼儿勤于动脑、乐于探索的精神，同时，逐步培养幼儿

的创造性和发散性思维能力。

④情感性。好的导入语能起到缩小师幼间心理距离的作用。

⑤简洁性。导入时间不要过长，否则，会冲淡教学主题，造成喧宾夺主的后果。

⑥创造性。在幼儿园教学过程中，教师可以从幼儿的角度出发，设计多种形式新颖的引导语。

（4）导入语的特点。

①语言的概括性。导入虽是教学的重要环节，但不是教学的主体，因此，导入语要具有高度概括性。语言设计做到简洁、明白、易懂，抓住教学要点、重点，言简意赅地进行表述。同时，为了吸引幼儿的注意，导入语也要精雕细琢，力求精辟、朴实、富有韵味。

②语言的逻辑性。导入语的设计，无论是在构思内容、形式上还是在语言风格上都应富有逻辑性。导入的话题要集中、层次要清楚、衔接要得当，语言表达连贯周密，语意畅达，做到言之有理、言之有据、言之有序，富有逻辑性。

③语言的精巧性。导入语的精巧性表现在，根据不同教学内容、不同的授课对象、不同的授课时间和地点，教师设计的导入语应具有新思想、新创意、新形式，做到导入语的多样性。导入语要精练、富有时代特色，讲解要生动形象，内容要精当。只有这样的导入语，才有新鲜感，才能激发幼儿的学习情趣。

2. 过渡环节的语言表达

（1）过渡语的内涵及作用。

过渡语又称课堂衔接语、转换语等，是指从教学的一个环节转到另一个环节、由一个问题过渡到另一个问题的过渡性语言。巧妙的过渡语会起到自然勾连、深化逻辑、承上启下的作用，引导幼儿从学习的一个方面过渡到另一个方面；也可以把一节课的内容衔接成一个整体，给幼儿以层次感、系统感。过渡是教学内容得以衔接的必要形式，是教学过程中各个环节的“黏合剂”。有了过渡语，课堂就会显得环环相扣、浑然一体。课堂教学过渡语具有串联功能和开启功能，可以对教学中各环节的内容起到“穿线”作用，提醒幼儿注意，激发幼儿思考。在教学过渡时，采用复述式或总结式过渡语，能够起到温故知新的作用。过渡语如果用得巧妙，还可以给课堂教学增加美感，使教学过程水到渠成、自然流畅，使幼儿教师的教学特色得到充分展现，使幼儿在美的熏陶中获取知识。

（2）过渡语的类型。

①直入式过渡。即教师直接引入施教的内容，此类用语大多用于一堂课的开头。教师在上课时，直接说“本次活动我们学习什么内容”的语言来过渡。课堂的开头方法千变万化，教师可依据内容的不同选择恰当的过渡方式。

②问题式过渡。教师用一句话把上一环节的内容说出来，然后提出问题，引入下一环节的施教内容。这类过渡语可以集中幼儿的注意力，启发幼儿的思维，激发幼儿的学习兴趣，是课堂教学中常用的一种过渡手段。例如，在音乐活动“学唱歌曲《小毛驴》”中，幼儿学

唱完歌曲，教师可以说：“小朋友学会了唱《小毛驴》，你们唱的《小毛驴》可真好听，可是，我们应该怎么骑小毛驴呢？你们表演给我看，好吗？我们一起边骑毛驴边唱歌，赶集去了！”以此引入下一环节——儿歌表演及游戏。

③归纳式过渡。一般用于教学环节之间或教学环节之末。教师用简明扼要的语言对课程重点做归纳总结，然后，过渡到下一环节的内容。归纳式过渡能把教学的重点再现出来，起到巩固教学效果的作用。例如，在数学活动“认识三角形”中，教师在带领幼儿认识完三角形后总结道：“刚才我们认识了三角形，知道了三角形都是由三条边、三个角组成的。现在老师这里有一个百宝箱，请你在里面找一找，哪些是三角形？哪些不是三角形？”

④复述式过渡。这类过渡语一般是把上一环节或几个环节所学主要内容复述一遍，然后，过渡到下一个环节的教学内容上。复述式过渡既有温故的作用，又为新授知识做了铺垫。

⑤评论式过渡。评论式过渡是教师对上一环节或以前所学知识的优劣、利弊进行精要的简评，从而提出新授知识的一种过渡方式。评论式过渡有利于将上一环节知识与下一环节教学内容进行比较教学。

（3）过渡语的设计原则与要求。

①简洁明了。过渡语的选用应从教材出发，贴近幼儿实际，发挥教师个人优势，准确而又简洁，亲切而又生动。

②富有感染力。教学中的过渡语要富有感染力，通俗中不乏时尚，机智下充满幽默，能创造生动活泼的课堂气氛，引领幼儿有滋有味地学习。

③善于变化。《幼儿园教育指导纲要（试行）》指出，幼儿园“教育活动的组织形式应根据需要合理安排，因时、因地、因内容、因材料灵活地运用”。因此，教学过渡语要富于变化、合乎情理，自然地过渡到要进行的活动中、自然、不着痕迹，而且精练、到位，使每名幼儿都有所思、有所得。

（4）过渡环节的沟通语言。

①语言的衔接性。过渡的作用是实现课堂教学中不同知识要点间的衔接、转换，教师必须通过联想、类比的衔接手段，简洁明确、自然得体、紧密连贯的语言，顺畅而自然地把幼儿的思维活动由一个要点引导到另一个要点上。

②语言的明晰性。过渡语并非是教学口语中的主要语言，只是在需要时恰当的过渡。要想使课堂教学环环相扣，就必须做到用语贴切，而课堂教学的时间又是有限的，过渡语只起辅助、引导的作用，用语就得精当、简约。因此，教师在使用过渡语时，要保持用语简短、干净利落、内容鲜明，起到简洁、明晰的提示与过渡作用。

③语言的精巧性。过渡语所起到的知识衔接作用应当是自然而然、水到渠成的，能够使教学环节自然紧凑、和谐统一、承上启下，有助于幼儿对课程内容的消化理解。所以，过渡语力求设计得巧妙、自然、幽默。这要求教师在平时精心锤炼自身的语言技能，在精益求精的严格要求下逐渐运用自如、熟能生巧。

（二）示范、讲授环节的语言表达

1.示范环节的语言表达

（1）示范语的内涵与作用。

示范语，狭义是指教师在教授幼儿语言运用过程中所示范的语言，广义是指教师与幼儿交流、交往过程中的一切示范性语言。本书中的示范语是指广义的示范语。

心理学研究表明，幼儿时期是人类语言发展的关键时期。幼儿的语言匮乏，但模仿能力强，他们在幼儿园所接触到的语言情况将影响其今后的语言发展，所以幼儿教师的示范作用至关重要。幼儿教师在培养幼儿语言表达能力的同时，更要注意自己的语言表达，自觉提高语言修养，使自己的语言成为幼儿学习的典范。

（2）示范语的设计原则与要求。

①规范性。教师的语言是幼儿语言的样板，教师只有使用规范的语言，才有可能对幼儿产生正面的示范效应。所以，教师必须使用标准的、规范的普通话，语音、词汇、语法等方面都要符合国家普通话的要求，做到发音清楚、吐字准确，不念错字、不使用方言。

②逻辑性。教师在使用语言时，必须使其内容符合事物的客观规律，必须根据思维逻辑准确运用概念，避免前后矛盾。

③纯洁性。语言不是一种孤立的现象，它与思想品德、文化素质等密切相关。一位品德高尚的教师，使用的语言应该是纯洁、文明、健康的，应该能够促进幼儿的智力开发，能够激发幼儿的学习兴趣，能够培养幼儿健康向上的情感。反之，粗俗的语言只会给幼儿带来负面影响。

（3）示范语的类型。

①语言活动中的语言示范。在以培养幼儿沟通交流、运用语言能力为主的语言活动中，教师的语言是幼儿最关注、模仿最多的内容，也是教师重点讲授的内容。例如，一些字的发音示范、词语的发音示范，在这些语言的示范中，教师的发音、用词、语法的规范将潜移默化地使幼儿运用语言具有规范性。教师在故事朗读示范中语言的音高、语速、语调等，不仅可使幼儿听到标准的普通话发音、正确的遣词造句，还可以使幼儿更好地感受作品中完整的艺术形象。并且教师经常朗读示范，幼儿长期倾听、经常性地模仿，还有助于提高幼儿的朗读水平。

②其他教学、游戏活动及师生交流中的语言示范。教师在其他教学活动、游戏活动及所有的师生交流互动中，向幼儿所说的一切语言，表达的一切内容、一切遣词用句，都将对幼儿产生示范作用。教师应注意发音清楚、吐字准确，不念错字、不使用方言，加强语言基本功的训练。同时，教师语言的选择和运用要考虑幼儿的语言接受能力，应简洁、明确，忌烦冗。在长期的教师语言示范后，幼儿积累的语言知识日趋丰富，运用也日趋熟练，口语表达也将日趋规范、生动。同时，这一方面的示范语时刻考察着幼儿教师的语言水平，也更能够体现幼儿教师的语言基本功以及语言素养，所以，不仅需要教师在平常的语言表达中注意语音、

词汇、语法的正确规范，更要求教师注意语言表达的学习与练习。

2. 讲授环节的沟通语言

（1）讲授语的内涵与作用。

讲授语也叫阐释语，是教师向幼儿传授知识和技能时进行叙述与解释的语言，也是教师较系统、完整地阐释教材内容的教学用语。

讲授语是课堂教学中最主要的教学言语，主要用来讲授学科知识、传授学科的技能技巧、提高幼儿的知识水平和各种能力，是教师独自讲课时使用频率最高、运用最广的语言形式，也是教学的核心语言。

（2）讲授语的类型。

①叙述语。叙述语是以平实、自然的语言，对某一特定教学内容进行条理分明、清楚、完整的表达而使用的课堂用语。叙述语具有条理性和完整性等特点。叙述语没有过多的感情润色，也不是很注重词语的雕饰，语言通俗、简练。叙述语表意最直接，很少用含蓄、夸张之词。

②描述语。描述语是以生动、形象的语言，对被描述对象的形象、情形、状态、形状等进行具体、细致的描绘或特征勾画而使用的课堂用语。描述语具有形象性和生动性等特点。

③解说语。解说是教师讲授文化科学知识时最常使用的表达方式。教学口语中的解说要做到准确、清晰、简明、生动。设计解说语，可以用下定义、讲特征、做分类、作比较、做分析、打比方、列纲目、举数字、做对比、举例子、引材料、列图表等方法。使用解说语要注意符合幼儿的理解水平，少用专业术语，力求通俗易懂。

④抒发语。教师在课堂教学中，有时要针对某些知识和现象发表一些自己对该知识的看法或评论，这种抒发个人观点和情感的言语就是抒发语。抒发语在教学中，要注意场合运用的适当。

（3）讲授语的设计原则与要求。

①准确、精练。准确、精练是讲授语言的最基本要求。知识的讲解与传授必须用科学、规范的语言来表达。教师所讲的概念、原理、规则、结论等，都必须准确、无误、完整、周密，因此，在选用教学语言时，就必须根据教学目标精心考虑，注意信息传递的高效性。

②系统、连贯。课堂教学中的讲述语必须做到系统连贯地对某一内容、问题进行细致的阐明和讲解。前言不搭后语的教师语言不仅会影响幼儿的学习兴趣和学习效果，还会影响幼儿的语言表达能力，让幼儿形成不规范的语言表达习惯。

③有针对性。对幼儿来说，讲授语言形象、具体、亲切、有趣味性，才能充分发挥教学语言的教育作用。生动形象的语言能拨动幼儿的心弦，燃起他们求知的热情。教师绘声绘色地讲述会使深奥的道理浅显化、抽象的概念具体化、枯燥的知识趣味化，使无声的汉字通过生动的语言变得有声有色。

（4）讲授语的方法。

①重难点讲授法。重难点讲授法指教师讲授应以教材的重点、难点为依据，侧重在重点、难点的讲解，不能轻重不分、主次不明。这种方法便于幼儿准确理解讲授内容。

②归纳式讲授法。归纳式讲授法是先分析、后归纳的一种方法，它主要适用于教学内容比较多、线索比较复杂的情况。

③谈话式讲授法。谈话式讲授法是教师在幼儿已有知识的范围内提出问题，引导幼儿思考，通过对话方式使幼儿获得知识的一种教学语言形式。谈话式是一种广泛应用的教学语言形式。

④讨论式讲授法。讨论式讲授法是教师组织幼儿发表见解、展开争辩的方法。这种方法能调动幼儿的思维活动，彼此发表意见、相互启发，从而深刻地理解和掌握知识。但这种方法只能在具有一定思辨能力的幼儿中使用。

（三）提问环节的语言表达

1. 提问语的内涵与作用

提问语是指教师根据教学要求和幼儿掌握知识的程度，以发问的形式提出，为开发幼儿智力、唤起幼儿思维活动而使用的语言。提问语是教学口语中使用最广泛、最普遍的用语。教学过程的实质就是提出问题、分析问题、解决问题，所以提问是一种常规教学手段。提问效果的好坏，往往成为决定一堂课成败的关键。

提问具有以下作用：

（1）启发思考与培养学习主动性。

善用提问的方法可以引起幼儿的注意，启发幼儿思考，培养幼儿发现问题、分析问题与解决问题的能力，开发幼儿智力，调动幼儿学习的主动性。

（2）反馈教学信息。

教师通过提问可以及时地反馈教学信息，了解幼儿掌握知识的程度，以便合理调整教学内容。

（3）促进幼儿发展。

幼儿教师在教育教学活动中运用提问语，不仅有助于达成当次教学活动的目标，而且是促进幼儿更好发展的一个重要奠基石。培养幼儿的口语表达能力是每个教师运用提问语的基本目的。

2. 提问语的类型

（1）开放式提问。

开放式提问是指教师提出的问题通常没有明确、固定的标准答案或有多种正确的答案，幼儿可根据想象并结合自身经历自由地来回答。例如，“你想用这块橡皮泥捏出什么呢？”“母亲节到了，你想对妈妈说些什么呢？”教师提问的目的在于激发幼儿积极地思考，调动幼儿的学习兴趣，培养其创造性和发散性思维能力，使幼儿勤于动脑、乐于探索。开放式提问一方面激发了幼儿参与活动的兴趣，极大地调动了幼儿思考问题和回答问题的积极性；另一方面，也体现了教师对幼儿的尊重，使幼儿在回答问题的过程中获得了自信与快乐。

（2）封闭式提问。

封闭式提问是指教师就幼儿刚刚学习过的内容或生活中的简单常识或具体事实进行提问。教师提出的问题通常只有一个或少数几个固定的标准答案，它要求幼儿朝着教师预设好的方向去思考，幼儿只需回忆所学知识或生活中的简单常识或具体事实就可以回答。例如，“交通信号灯有几种颜色？小朋友过马路时要走在哪里？”“你知道的钱币有几种？”对于幼儿回答得正确与否，教师会做出明确的评判，并要求回答错误的幼儿立即更正已有的错误认识。封闭式提问有利于幼儿对所学知识的复习和巩固，通过进行封闭式提问，教师可以清楚地了解幼儿对所学知识的掌握情况，可以节省教学时间，加快教学进度，提高教学效率。

（3）概括式提问。

概括式提问是指教师要求幼儿对教学内容进行一定的总结和概括，自己得出某一结论，它通常在教学活动即将结束时进行。例如，“谁能说一说，今天我们用了什么方法做出的小汽车？”“在这节实验活动中，我们是怎样让小灯泡发亮的？”这种提问要求幼儿对教学内容有一定的提炼和概括能力。因此，教师对教学内容的选择就显得尤为重要。教师要想根据幼儿的年龄特点和已有知识水平，引导幼儿学会简单地概括，就需要对幼儿提出概括性问题。

（4）理解式提问。

理解式提问是指教师根据教学内容或某一情景提出问题，请幼儿根据自己的理解进行回答。例如，“听了《孔融让梨》这个故事，你觉得孔融是个什么样的孩子？你懂得了什么？”通过理解式提问，教师可以了解幼儿对教学内容的理解程度，因此，这种提问方式在一定程度上可以起到检验教学效果的作用。幼儿通过回答这种问题，也可以使自己的语言表达能力和逻辑推理能力得到一定程度的锻炼。

（5）移情式提问。

移情式提问是指在某一特定的情境中，幼儿暂时抛开自己的角色和身份，站在其他角度上思考问题，寻找解决问题的办法。例如，“如果你是妈妈，会怎样照顾你的宝宝？你的妈妈是怎么照顾你的？她辛苦吗？你想怎样回报妈妈对你的爱？”“如果你不小心被别人撞倒了，会不会很痛？如果你撞了别人，该怎么办？”这种提问可以使幼儿逐渐学会站在他人的立场和角度上去思考问题，学会关心和理解别人，有助于对幼儿移情能力的训练和亲社会行为的培养。

（6）层次性提问。

在教学中设计的提问要有层次性。首先，从幼儿已有的生活经验入手，然后，再以层次性提问逐步加深，扩展内容，丰富知识，建构概念，使整个过程结构严谨，体现发展性原则。从经验入手—找原因—发现变化—引申学习，一步步加深学习，充分体现了提问的层次性，可使幼儿在原有的水平上步步深入、充分想象，学到更多的知识。例如，在大班科学活动“镜子游戏”中，教师的层次性提问可以是：①（出示镜子）这是什么？你平时都用它干什么？②镜子是用什么材料做成的？所有镜子都一样吗？它们有什么特点？③你还见过什么镜子？它有什么用途？④现在，你把它放在阳光下试试，会发生什么现象？⑤为什么镜子在太阳下能反射出小光斑？

（7）趣味性提问。

针对幼儿天真、活泼这一特点，在教学过程中，教师应向幼儿提出一些有趣味性的问题，使幼儿激起探究的欲望，积极、主动地从事某种活动，从中获得经验和乐趣，掌握更多相关知识。趣味性提问既可以满足幼儿的好奇心，又可以缓和地纠正幼儿的一些错误想法，激发幼儿强烈的探究欲望。例如，在中班“学习用筷子”活动中，教师引导：“听，瓶宝宝的肚子已经饿得咕咕叫了，它在说，小朋友们，你们不是学会用筷子了吗？那就用筷子夹些豆豆喂喂我吧，千万别用手抓啊，不然我会肚子痛的。”

3. 提问语的设计原则与要求

（1）目的明确。

课堂提问要有明确的目的，提问所用的语言要清晰明确，与教学目标紧密联系，围绕教学的难点和重点，使幼儿听到问题后轻松找到合情合理的思考方向。

（2）能力的培养。

课堂中的提问，既应当考虑到幼儿掌握知识的程度、对问题的理解程度，也应当特别注意通过提问综合培养幼儿的认知能力、思维能力和解决问题能力，多种能力的培养远比扩充知识更重要。因此，教师在教育教学活动中的提问语应以引导、启发为主，以辅助、提示为辅。

（3）难度适当。

提出的问题应具有一定的难度，难度适当的问题可以把幼儿带入一个可以理解而又不是很容易理解、有障碍却可以逾越的境界，形象地说，就是要“跳一跳，摘果子”。

（4）有层次性。

教师在教育教学活动中的提问要有层次性，设计提问要由简到繁、由易到难、环环紧扣、层层递进。对幼儿提出的每个问题都应是教师在进行教学活动前深思熟虑的结果，每个问题都必须做到设置时机恰当，符合幼儿的年龄、心理以及思维特点，问题之间能很好地衔接，保证问题的有效性。

（5）以尊重幼儿为前提。

提问时的态度要和蔼，言语要礼貌，把尊重幼儿作为提问的前提。对幼儿的回答及时鼓励与激励，以正强化的方式激发幼儿的思考，以达到教师提问的预期效果。

4. 提问环节的语言表达

（1）语言的思辨性。

语言的思辨性是指教学中设计和提出的问题以及解疑的过程应具有启发性、可思考性和探索性。语言教学活动中的提问，应从启发、激励幼儿的思维出发。问题的设计是前提，引导解疑是关键。提问有价值、有质量以及适当的引导，能调动幼儿的探究热情。提问时，语速要放慢，对质疑点做适当的重复或解释。

（2）语言的量力性。

语言的量力性，要求教师设计问题时，要注意“因材施教”和幼儿的“可接受性”，使不同层次的幼儿通过答问都能得到发展。提问要难易适度，难度大的可分成几个小问题来提问，问句要简明易懂。根据幼儿的学习进度，逐步提高要求。

（3）语言的节奏性。

教师的提问语要掌握一定的节奏，做到准确、严谨、清晰、简练，通俗易懂。幼儿年龄小，理解能力差，因此提问语要儿童化、浅显易懂。口头提问不宜太长或太短或转变太多，否则，幼儿记不住，很难找到问题的核心。同时，教师的提问需考虑问题的难易、幼儿的个性等因素，提问与回答之间应该有一定的间隔，便于幼儿充分思考问题。间隔的节奏应根据提问的类型灵活调整，提出高难度问题时，等待时间相应较长；提出低难度问题时，等待时间较短。

（4）语言的趣味性。

在教育教学活动中，教师应把握契机，运用富有趣味性的问题调节枯燥无味的活动气氛，促进幼儿的思维发展，激发幼儿的求知欲和想象力。富有趣味性的问题能够使幼儿积极地参与到教学活动中，保证教学质量，使提问变成教学环节中轻松、愉快的一部分。

（四）结束环节的语言表达

1. 结束语的内涵与作用

讲完一部分内容或讲完一节课之后的一段小结语就是结束语。课堂教学的结束语是课堂教学的有机组成部分，是课堂教学不可或缺的重要环节。成功的小结语会给幼儿留下深刻的印象，一堂成功的课不仅要有引人入胜的导入语和巧妙的过渡语，还要有精致的结尾。结束语的作用在于帮助幼儿理解、巩固、强化所学知识，并帮助他们理清思路，为学习新知识做好准备。

2. 结束语的类型

（1）延伸式结束语。

教师除了在课堂上向幼儿传授知识外，还应把幼儿的视野由课内引向课外，使幼儿自觉去观察生活，在生活中寻求知识，以弥补课堂教学的局限与不足。例如，在美术活动“认识三原色”中，教师的结束语是：“今天我们认识了红、黄、蓝三种颜色，也在我们班级里找到了这三种颜色。其实，在我们周围还有好多种颜色等着你去寻找、去发现。接下来，老师要交给小朋友们一个任务，就是在回家的路上、你的家里、你的身边找一找，还有哪些颜色？回来告诉我，好吗？”

（2）升华式结束语。

幼儿教师既教授幼儿科学文化知识，又是幼儿的生活导师和品德的引路人。在教学结束时，教师可运用准确、精练的语言对教学内容的精要之处进行点化和揭示，激发幼儿的思想感情，真正达到德、智、体、美等多方面的教育。例如，在语言活动“我们的祖国真大”活动结束时，教师播放中国风光图片，总结道：“我们祖国的全称是中华人民共和国，我们是世界上人口最多的国家，我们中国有悠久的历史、美丽的景色。我们的国家是最棒的！让我们一起说一声‘我骄傲，我是中国人’！”

（3）激励式结束语。

在教育中，常说到一句话，“好孩子都是夸出来的”。教师在讲完教学内容后，也可以采用激励、勉励的话语结束全课，使幼儿在积极的评价中快乐地学习。例如，在一次美术活动结束时，教师总结：“我今天非常高兴、非常激动，因为我刚刚发现我们班的小朋友都是绘画的小能手，有几个小朋友线条画得太流畅了，还有几个小朋友涂得相当均匀，一点儿也没有涂到图形外面，而且用的颜色很漂亮；特别是佳佳小朋友，画画非常有创意，把自己想到的都画了出来，还能讲出故事来。我相信，只要小朋友们继续努力，一定会画得更好，我们班也许还会出一个小画家呢！”

（4）概括式结束语。

概括式结束语是最常用的一种结束语。它可以对教学内容做提纲挈领的总结和归纳，对知识进行条理化和系统化的工作，从而促使幼儿牢固地掌握所学知识。

（5）对照式结束语。

在课堂教学结束之际，从内容、结构、语言等方面，有所侧重地将所学内容与以前学过的知识进行对照比较，在比较中深化理解、加深记忆。

3. 结束语的运用策略

（1）概括。

一般用提纲挈领的话，将分散的知识点串联起来。由于知识信息比较密集，话要说得慢些，语调要平稳些。

（2）确定。

无论是教师独白式的讲解还是师幼交谈式的小结，关键性、结论性的句子，必须由教师用肯定的语气说出，且用语精确、简洁。

（3）强化。

小结语具有承上启下的作用，因此，要着眼于知识的过渡和拓展，激发幼儿举一反三、解决新问题的能力。有时，小结语可以着眼于思想感情的启迪和升华，教师的“点睛”之语，会使教学效果延伸到培养高尚的道德情操方面。

4. 结束环节的语言表达

（1）忌拖沓。

结束语如果小题大做、啰嗦、杂乱，用语不简洁、不明确，必然让幼儿感到厌烦，影响教学效果。因此，结束语和其他教学用语一样都应该符合言简意赅、精确规范的要求。

（2）忌仓促。

临下课时慌里慌张地讲几句，草草收场，不能起到小结、巩固、强化的作用。结束语应该作为备课的一项内容精心设计，起到相应的总结内容、深化教学目的的作用。

（3）忌平淡。

教师应根据教学目标与教学语境的需要变换结束语，并善于运用语言表达情感的积极作用。成功的结束语，是教学口语艺术的精品。结束语是教学活动的完结，教师应该用生动的、科学的、富于总结性的话语给教学活动一个好的结尾，让幼儿能有兴趣再去回味整个教学活动。

四、培养幼儿教育活动礼仪

（1）坐立姿势要正确。

（2）专心倾听，不要随便打断教师的说话和同伴的发言。

（3）有事请举手，经允许后再发言。

（4）回答问题声音响亮，速度适中。

（5）遵守活动规则，学会商量，尊重别人的意见。

（6）观看同伴的表演时，能保持安静，遵守秩序。

（7）教学活动结束后，向教师道谢：“谢谢老师，您辛苦了！”

开阔视野

幼儿一日生活中的其他教育活动礼仪

1. 晨间活动礼仪

幼儿教师需要每天组织幼儿到户外活动，若遇地上潮湿，就在室内组织。冬天户外活动时，教师需带幼儿跑步暖身，再组织各种体育活动或舞蹈活动。在室内活动时，教师要求幼儿多参与活动，不能一直静坐、写字、看书。

教师要引导幼儿积极参加活动，愿意、喜爱参加活动，并培养幼儿的团队意识和合作意识。同时，在相互合作中，教师把礼貌用语教学贯穿其中，如“对不起”“没关系”“请”“谢谢”等。

在幼儿园开放日，家长可参与幼儿的活动，教师在参与活动的同时细致观察幼儿的情况，对小班幼儿，尤其应积极鼓励性格内向、依赖性较强的幼儿独立参加活动。

2. 升旗仪式礼仪

升旗仪式不仅是幼儿养成教育的一部分，也是爱国主义教育的启蒙。教师要引导幼儿排好队，面向旗杆站好，双臂自然下垂，安静站立。如果戴了帽子，需要摘下。保持端庄、严肃的体态语，不得手插裤兜、不得东张西望、不得交谈、不得走动。

升旗时，要面对国旗行注目礼。如果奏唱国歌，教师和幼儿可以随着国歌声一起高唱。升旗仪式时，教师一定要给幼儿正确的示范。

3. 课间活动礼仪

课间活动时，教师要教会幼儿安全地自选活动或按照教师安排的内容进行活动。培养幼儿准备好下一节学习用品后方可离开座位。不去厕所的幼儿在座位上休息或排队到操场跑步玩耍。在活动中，教师教会幼儿学会与同伴商量："我和你一起玩，好吗？"幼儿不能在活动室内跑动，要规范行走，途中右行礼让；楼梯内、走廊内不能停留，不大声喧哗，不拥挤，不奔跑追逐打闹，不滑楼梯扶手，手不摸墙壁；见到教师和来校客人停下脚步主动问好。幼儿如果使用了物料或玩具，一定要在上课前物归原处。

乐学善思

请搜集或自己创作一些教育活动时组织课堂的童谣，并在小组内交流。

任务六　师幼户外活动礼仪与沟通

任务目标

1. 了解幼儿在户外活动时教师的任务。
2. 掌握师幼户外活动环节的礼仪与沟通内容。

任务阐述

本任务主要从幼儿园教师在户外活动中的教师任务、教师礼仪规范和培养幼儿户外活动礼仪的内容三个方面介绍如何进行户外活动的礼仪教育，使幼儿教师掌握并正确运用户外活动礼仪。

新知学习

手忙脚乱的罗老师

今天，罗老师组织孩子们去公园活动，她早上为孩子们准备了很多东西，有衣服、水杯、背包、食物等。在车上时，罗老师一直嘱咐孩子们："要注意安全，不要乱跑，要上厕所或喝水时及时和老师说。"可是一下车，孩子们都像脱笼的小鸟一样，四处奔散。

罗老师今天穿了高跟鞋，不方便奔走，便一直大喊："孩子们，不要跑！"费了好大劲，终于把孩子们重新聚到了一起，发现有两个孩子胳膊上有擦伤，肯定是刚才跑的时候摔倒了。

罗老师马上翻开背包找药，却发现自己忘记带常用药品了。

孩子们虽然聚在了一起，但是做游戏时，总有孩子乱跑，一会儿有孩子上厕所，一会儿有孩子喊饿，罗老师一个人看不过来，忙得团团转。

幼儿的户外活动种类很多，主要包括早操、散步、户外游戏、体育活动等。对幼儿而言，户外活动既是体育锻炼，又是集体活动。户外活动能增强幼儿的体质，培养幼儿参加体育活动的兴趣和习惯，也能培养幼儿的团队合作精神与人际交往能力。

一、幼儿教师在户外活动环节的指导任务

幼儿教师在户外活动环节有诸多指导任务。

（1）根据不同年龄段幼儿的特点选择合适的活动内容。

（2）根据幼儿活动需要保证足够的活动材料及安全的活动空间。

（3）提醒幼儿做好活动前准备并做好检查；精神饱满地组织活动，随时观察幼儿活动情况。

（4）早操做到“三看”（情绪、动作力度、准确度）和“三提示”（动作、增减衣物、运动）。

（5）教育幼儿积极参加游戏和体育活动，培养幼儿勇敢、自信的意志品质和活泼开朗的性格。

二、师幼户外活动环节中的礼仪与沟通

1. 服饰整洁，利于活动

户外活动中，幼儿教师的服装应符合活动要求。女教师不应穿高跟鞋、裙子；衣服长短适中，以休闲运动装为宜，不披发，不佩戴首饰。

2. 设计合理，激发兴趣

户外活动应考虑场地的大小、场地的安全措施、地面情况是否适合开展活动、用电用水问题等。夏季应注意温度，防止幼儿被晒伤或中暑。

活动前，教师应检查活动器具，保证幼儿使用的安全性。教师在设计活动时，应考虑幼儿的年龄特点及身体发展情况，活动室设计和活动量的把控要考虑科学性。

3. 言语鼓励幼儿喜爱户外活动

在户外活动中，教师扮演的角色不仅是引导者，而且是富有童心的游戏伙伴。对于胆小、不爱动、动作笨拙的幼儿，应该鼓励或带动他们一起活动；对于需要帮助的幼儿，可以适当地指导。当幼儿出色地完成了活动时，教师可说一句：“宝贝，你真棒！”教师应尽可能站在幼儿的立场上，透过幼儿的行动去把握幼儿内心的想法，理解幼儿独特的感受方式。

在户外活动中，教师应培养幼儿互谦互让礼貌玩耍、互帮互助协作完成、互相邀请多多参与、互相鼓励多多支持的友爱、协作、团结的精神，及时鼓励、表扬幼儿的积极、认真。

幼儿间发生矛盾时要冷静，不粗鲁责备幼儿，让幼儿在矛盾中学会解决问题。

户外活动中，教师与幼儿一起加入活动中。教师的参与能够让幼儿更乐于展示自己，提高参与兴趣，也有利于教师与幼儿情感的增进。

同时，在户外活动中，教师也应培养幼儿具备以下相关礼仪：

（1）保持精神愉快。

（2）遵守活动规则，讲秩序，学会谦让。

（3）在规定范围内活动。

（4）感觉热时能脱衣服，身体不适时主动告诉老师。

4. 叮嘱安全

幼儿的身体素质各异，能承受的活动强度也不一样，教师应时刻观察幼儿的运动情况，对运动过量的幼儿予以提示，对于不爱运动的幼儿多鼓励，慢慢引导。控制好幼儿运动量，注意“动静交替”。

在户外活动时，教师要尽可能预计到会出现的不安全因素，向幼儿耐心讲解、交代活动规则和安全有关事项，还应时刻注意语言提醒，及时纠正幼儿的危险动作，发现问题及时进行必要的安全指导和安全教育。

乐学善思

请你设计几个适合户外活动的小游戏，锻炼幼儿的合作能力和运动能力，并在组内进行交流与评价。（方案包括：活动名称、活动目标、活动形式、活动准备、活动过程。）

任务七　师幼睡眠礼仪与沟通

任务目标

1. 了解幼儿睡眠环节中的教师任务。
2. 掌握师幼睡眠环节礼仪与沟通的内容。

任务阐述

午睡是幼儿在幼儿园一日生活中的重要环节，对于有些幼儿来说，没有妈妈陪伴的睡觉是很困难的。为保证幼儿在睡眠环节能有充分的休息，具备良好的睡眠礼仪，作为未来的幼儿教师，在学习此任务时，要深入了解并掌握每个环节的内容，在特定的场合合理运用。

新知学习

吵闹的午休

这几天，李洋老师被园长批评了，心情很郁闷。起因是这样的，由于大前天晚上睡得太晚，前天中午幼儿午休时她也睡着了，忘了及时给幼儿盖被子，结果有两个孩子冻感冒了。昨天中午有个幼儿刚上床就吵着要小便，弄得其他幼儿睡不好。李洋老师便吓唬了他一下，不料孩子因害怕而尿裤子了，今天孩子不愿意来幼儿园了。家长了解情况后，便到园长那儿去讨说法，园长为此很生气，严厉地批评了李洋老师。

幼儿在幼儿园一般要进行午睡，睡眠不但能缓解活动带来的疲劳，使身体的各个部位得到充分的休息，而且能促进身体分泌大量生长激素，有助于幼儿增长身高，促进大脑皮层的发育。幼儿教师要抓住睡眠这一环节，对幼儿进行教育，培养幼儿养成良好的生活习惯，保证幼儿的睡眠质量。

一、睡眠环节中的教师任务

做好入睡前的准备工作，为幼儿创设安静、舒适的睡眠环境；指导幼儿正确穿脱衣服和整理床铺；观察幼儿的睡眠情况，发现异常及时处理；培养幼儿正确的睡眠姿势（右侧卧或仰卧），逐步形成良好的生活卫生习惯，保证幼儿按时睡、睡得好、按时醒，醒后精神饱满、心情愉快。

二、师幼睡眠环节礼仪与沟通

（一）睡前精心布置，尽职尽责

师幼睡眠环节礼仪

（1）创设安静舒适的睡眠环境，保持幼儿睡眠室内空气新鲜，保证室内的温度，保持幼儿床上用品整齐、清洁，厚薄适宜。

（2）提醒幼儿如厕、洗手，保证幼儿睡眠质量。

（3）指导幼儿按顺序穿脱衣服，帮助幼儿折叠衣服，将叠好的衣服整齐地放在固定的地方，帮助女孩拆掉辫子。

（4）安抚幼儿入睡时，语调要轻柔，态度温和。教育幼儿不要把玩具和其他东西带到床上，还要检查幼儿的床铺，不能有玩具或其他异物，提醒幼儿进入睡眠室后要保持安静，立即上床睡觉，不在室内随便走动或说话。

（5）教师要纠正幼儿不良的睡眠习惯，指导幼儿使用正确的睡眠姿势入睡，不蒙头睡觉，不口含食物睡觉。

在睡觉时，教师还需培养幼儿建立正确的睡眠礼仪：

（1）乐意行午安礼，掌握脱衣技巧，学会叠衣服，掌握穿衣技巧。

（2）按时起床，精神愉悦，有序盥洗，培养良好的生活习惯。

（二）睡眠中认真观察，耐心看护

（1）幼儿进入睡眠后，教师应巡视幼儿的睡眠情况，及时给幼儿盖被子，防止着凉。

（2）教师在照顾幼儿午睡时，应面朝幼儿，随时关注幼儿的情况，发现问题及时处理。例如，易尿床的幼儿应及时提醒其如厕。睡眠中起床如厕的幼儿因还未睡醒，教师应跟随前往盥洗室，防止发生意外。

（3）对于睡眠困难的幼儿，教师可以让幼儿从闭上眼睛休息开始，慢慢培养幼儿的午睡习惯。

（4）对于不午睡的幼儿，应有专人负责看管，可采取将全园不午睡的幼儿放在一起统一管理，组织他们参加安静的区域活动等。

（三）起床后悉心指导，亲切关爱

（1）睡眠时间结束，教师应轻声唤醒幼儿，或者播放舒缓的音乐唤醒幼儿，让幼儿有一个温柔的起床环境。

（2）午睡结束后，指导帮助幼儿按顺序穿衣服。幼儿穿好后，教师要逐一检查，帮助幼儿整理衣服。中、大班可以组织幼儿相互检查。

（3）指导幼儿整理床铺，学习叠被子的方法。发现尿床的幼儿，应注意保护幼儿的隐私，可以单独了解幼儿尿床的原因，不要在全班幼儿面前斥责幼儿，及时对潮湿的床品进行清理或更换。

（4）教师帮助女孩子梳理漂亮的发型。

（5）最后，对睡眠室进行通风，保证睡眠室的空气流通。

教师在整理床铺时，要检查床铺的安全问题，如发现木刺、钉子凸起、床架松动等安全隐患应及时清除，预防安全事故的发生。

开阔视野

一日流程环节中的背景音乐选择

音乐是来自人类灵魂深处的声音，它蕴含着人类丰富的情感，带给人美好的遐想和不同的心理感受。幼儿是天生的音乐家，随着年龄的增长，他们对音乐的感受日益丰富和发展，音乐借助肢体语言的表现力也日益增强，他们会随着音乐舞动手、脚，还可以自由地旋转和蹦跳，这是他们在用身体表现内心的感受。音乐可以促进幼儿的身心发展，因此，在幼儿园活动中，音乐是幼儿教育不可缺少的内容，应该伴随幼儿的成长。

如何选择音乐呢？我们可以结合幼儿园的一日活动流程，即入园、进餐、室内游戏、户外活动、午睡、起床、离园七个活动来选择背景音乐。背景音乐的播放，需要考虑以下几个方面的要求。

第一，音乐风格与教育活动、情感需求相统一。例如，午睡、就餐环节的音乐应以舒缓的器乐作品为主；入园、离园环节可选择节奏明快，充满愉悦情绪的音乐；室内游戏环节与户外活动环节可根据活动节奏、活动内容选择相应的儿童歌曲或世界名曲。

第二，音乐体裁与音乐风格的多样性。音乐不局限于声乐歌曲或器乐歌曲，也不局限于古典音乐或现代音乐。要使用不同风格，不同体裁，多元化、丰富的音乐环境。以古今中外的经典作品为主，可以是声乐、器乐、电子音乐，独奏、合奏、协奏等不同的演奏形式，也可以是合唱、独唱、儿歌、民谣、童声、民族、美声等，古典音乐、浪漫主义音乐、现代音乐等都可以涉猎，不同形式的音乐会带给幼儿不同的音乐体验。

第三，音乐与节庆活动相结合。对应每个节庆活动，选择合适的音乐，可以在烘托节日氛围的同时，对幼儿进行艺术熏陶。比如，国庆节播放《今天是你的生日》，教师节播放《长大后我就成了你》《每当我走过老师的窗前》，母亲节播放《烛光里的妈妈》，重阳节播放《夕阳红》等。

北京市在贯彻《幼儿园教育指导纲要（试行）》实施细则中，就艺术领域的实施要点进行了专门论述：艺术教育不仅可以发展幼儿的审美能力，而且还可以促进幼儿身体协调能力、认知能力、社会交往能力，特别是想象力、创造力的发展。整合各个领域活动，满足幼儿多方面发展的需要，促进幼儿健全人格的形成。艺术教育不能局限于规定的艺术教育的课堂上，我们可以利用能够看到、听到、感受到的方式，随时用视觉环境、听觉环境、触觉环境让幼儿得到艺术的熏陶。

乐学善思

哪些音乐或睡前故事适合帮助幼儿安静入睡？请你找一找，并将音乐曲目、睡前故事名称写在下面方框中，最后在组内进行交流。

任务八　师幼离园礼仪与沟通

任务目标

1. 了解幼儿教师在幼儿离园环节中的工作任务。
2. 掌握师幼离园环节的礼仪与沟通内容。

任务阐述

本任务主要从两个板块介绍离园环节师幼之间的礼仪与沟通，学生在此任务学习时，要详细地学习每一部分内容，在实训活动环节的情景演练中正确运用离园礼仪。

新知学习

热闹的离园

快到放学的时间了，赵静老师说：“大家现在有要上厕所或喝水的，赶紧去，回来后拿自己的衣服回到座位上穿好。”刚说完，教室里一下子沸腾起来，二十几个幼儿挤着去上厕所、喝水、拿衣服，还有几个幼儿在角落里玩。赵静催了好几遍，他们才回到座位。

最后，大家都拿好了衣服，回到座位上。赵静说：“大家坐好，等着家长来接。”可是，不一会儿，就有幼儿坐不住了，他们互相玩闹，有的甚至离开了自己的座位。赵静不断提醒幼儿们保持安静，可是没人理会。

放学铃声响了，家长来到了教室，整个教室更乱了，幼儿们都跑到门口找自己的家长。有的家长来了，幼儿就直接喊一声“老师再见”，然后，就跑了出去。家长还没到的幼儿就一直堵在门口，焦急地等着自己的家长，或跟其他小朋友追逐打闹。赵静在一旁喊着：“××小朋友，请你回到座位上去！××小朋友不要跑！”

最后，幼儿终于都被接走了，教室里安静了下来，赵静也松了一口气。

离园是幼儿一日集体活动的结束，是对幼儿进行礼貌教育和开展家长工作的好时机。幼儿教师应做好常规的准备工作，培养幼儿文明的离园礼仪，并亲手把幼儿交给家长，力求让家长满意，保证幼儿愉快离园。

一、幼儿离园时教师的工作任务

组织幼儿整理活动室环境和个人用品，指导幼儿学会收拾个人用品，并检查自己的仪容是否整洁；接待家长并与家长交接幼儿，教育幼儿主动向家长问好，与教师、同学礼貌道别；打扫室内外卫生并消毒；认真检查本班的门、窗、水、电是否关闭。

二、师幼离园环节礼仪与沟通

师幼离园礼仪与沟通

1. 鼓励欣赏，真诚沟通

离园环节幼儿教师可以与幼儿进行总结性谈话，表扬和鼓励幼儿在一日各项活动中的突出表现，使幼儿愉快离园；离园环节，幼儿教师可以与家长进行简单交谈，介绍幼儿在园情况，以取得家长的配合，共同教育好幼儿。同时，在幼儿离开时，教师也要注意培养幼儿运用正确的离园礼仪，和老师、同学道别，见到爸爸妈妈要问好。

2. 亲切关爱，认真负责

幼儿教师要帮助幼儿穿衣整理仪表，提醒幼儿带好回家物品；对没有按时接走的幼儿，要做好必要的组织工作，保持幼儿愉快的情绪，如自己需要离开，一定亲手交给值班老师。

3. 主动沟通，耐心接待

幼儿教师要热情接待每位家长，及时与家长沟通汇报幼儿近来的发展情况，让家长感受到教师在关注自己孩子的成长和进步，让家长感受到教师比自己更了解孩子。沟通时，好话放在前，意见后提及，给出合理建议，最后表期望。

即使家长因故来晚了，也不能态度冷漠，横加指责，耐心听取家长解释并宽容地理解。

⑦ 乐学善思

由于萱萱的妈妈工作忙，一直都是奶奶来幼儿园接送萱萱。今天放学后，萱萱妈妈来接孩子了，而且想了解一下孩子最近在幼儿园的情况。如果你是孩子的班主任，在放学时，你会怎样和家长沟通呢？请学生每两个人为一小组，分别扮演幼儿教师与幼儿妈妈的角色进行情景对话，并在班级进行交流评价。

任务九 实训活动——幼儿礼仪教育活动实训

活动目标：

通过教案的设计，理论指导实践，将社交礼仪中的餐饮礼仪与幼儿一日生活中的进餐礼仪相结合，培养幼儿的用餐礼仪文明。

活动内容：

研读小班教案《餐厅礼仪知多少》，再根据本项目所学内容，然后结合中班幼儿身心发展特点，设计一篇适合中班幼儿的进餐礼仪教案。

活动要求：

教案设计需包含活动目标、活动准备、活动过程。

活动准备：

根据教案设计内容，准备对应的教具（注：纸质教案需提交老师，如有音频和多媒体课件需一起提交给老师。）

研读教案：

小班《餐厅礼仪知多少》

活动目标：

1. 理解并掌握用餐的基本礼仪，文明用餐。

2. 懂得节约，能够自觉排队取送餐具，自己能做的事情自己做。

3. 能够积极主动地参与课堂，开心地享受用餐过程。

活动准备：

1. 物质准备：足量的餐具和足量的点心，ppt课件，抽纸一盒。

2. 经验准备：有过在餐厅或饭店吃饭的经验。

活动过程：

一、创设餐厅情景，激发幼儿参与课堂的兴趣

1. 师：小朋友，让我们开着小火车去快乐餐厅吃饭吧。请小朋友自己选择一个喜欢的位置坐下。

2. 师：现在，饭菜还没有熟，我们应该怎样做呢？我们一起去看看图片上的小朋友是怎样做的。

正确的做法：端坐好，安静等待就餐。

3. 师：小朋友，吃饭的时间到了，让我们排队去取餐盘吧。

老师示范正确的做法。安静走到餐盘放置处，先取一个盘子，然后取一个小碗，最后取一个勺子。两只手平稳端好餐盘回到座位上。

幼儿排队依次取餐盘。教师在旁边指导。

4. 教师总结餐前礼仪：进餐厅，请安静；坐端正，不吵闹；餐饮具，要放好。

二、学习用餐礼仪

1. 餐厅厨师给幼儿盛好饭菜。

提问：小朋友，我们在吃饭时应该注意什么呢？

预期：不用手抓菜，不撒饭；吃饭时不乱讲话，不大笑（很危险）；不挑食；吃多少盛多少，不够时主动要求添菜。

2. 师：我们一起总结一下用餐礼仪：不抓菜，不撒饭；吃多少，盛多少，不够再来添一勺，节约粮食我最棒。

3. 小朋友吃饭，老师巡回指导，老师指出错误做法并提醒其改正。

三、学习餐后礼仪

1. 师：小朋友，都吃饱了吧，现在请你跟老师一起来学习餐后礼仪。

老师示范：抽一张纸，擦擦小嘴巴。端起餐盘，主动将餐盘放回餐盘回收处。要求：将饭渣倒入指定盆中，其他餐具分类摆放。

2. 请小朋友们排队放餐盘。

3. 教师总结餐后礼仪：吃完饭，擦嘴角；送餐盘，不推挤；饮食礼仪我记牢，人人夸我好宝宝。

四、餐后散步

1. 师：小朋友，以后我们到餐厅吃饭都要像今天这样做哦。我们最后再来总结一下餐

厅饮食礼仪：进餐厅，请安静；坐端正，不吵闹；餐饮具，要放好；不抓菜，不撒饭；吃多少，盛多少，不够再来添一勺，节约粮食我最棒；吃完饭，擦嘴角；送餐具，不推挤；饮食礼仪我记牢，人人夸我好宝宝。

2. 师：吃得好饱呀，让我们一起到户外散散步吧。

任务十　实训活动——情景演练

活动目标：

通过情景演练，模拟幼儿一日生活中的入园、晨检、早餐环节，体验幼儿教师一日生活中的部分工作内容，提高自己的实践能力和专业技能。

活动内容：

1. 以班级学习小组为单位（15～20人为一组），一人扮演主班教师，一人扮演保育老师，一人扮演配班老师，其他人扮演幼儿及幼儿家长，模拟幼儿一日生活中的入园及晨检、早餐环节。

2. 在扮演过程中，学生要融入角色对应的心理年龄，做出相对应的行为，还原幼儿园实际生活。

活动准备：

学生根据自己设计的情景内容，准备好对应的教具、音乐、桌椅等其他道具。

活动步骤：

1. 每组学生的情景表演实况以视频形式录制后提交给老师。

2. 表演后，请在下面方框中写出组内交流模拟演练后的感想，并交流评价。

自己感想：
组内交流与评价：

项目评价表

序号	评价内容	分值范围	评价依据	自主评分
1	对各年龄幼儿礼仪教育目标及礼仪实施方法的掌握情况。	0～10分	将掌握情况及对内容的理解进行总结，并以电子文档或纸质形式提交给老师，再依据总结的内容情况评分。	
2	对幼儿教师一日生活中沟通的语言方式掌握情况。	0～10分		
3	对幼儿园一日生活中七个环节的师幼礼仪与沟通内容的掌握情况。	0～15分		
4	任务一至八中乐学善思环节的完成情况。	0～20分	根据提交的内容情况评分。	
5	任务九的完成情况。	0～25分	根据提交的教案情况评分。	
6	任务十的参与及完成情况。	0～20分	根据现场情景演练中的表现评分。	
得分（总分100分）				

项目六　幼儿教师家园共育礼仪与沟通

学习起航

期末家长会

李洁是一名刚毕业的新教师。一个学期即将结束，学校要求召开家长会。李洁赶忙认真地准备家长会讲稿，洋洋洒洒写了万余字，内容主要是感谢家长到会，表明家长会的重要性，具体说明幼儿在园的表现，说明孩子的缺点，要求家长回家做好教育等，并提前一天让幼儿告诉家长第二天必须来开会。

家长会当天，李洁特意穿了一件胸前印有大卡通的T恤，并烫了波浪卷发，显得非常年轻。会议定在下午1点。结果上午有几个家长打电话，问家长会有没有什么重要的事，没什么重要的事就不过来了，李洁不知该说什么好。到了下午1点，却只来了3个家长（全班28名幼儿），3个家长的家长会怎么开呀？等吧，等呀等，李洁等到下午1点半只来了14个家长，这时已经有家长开始抱怨了。有几个家长还小声嘀咕“看她的装扮就知道没经验”。李洁有点慌，急忙照着讲稿念开了，结果5分钟不到就念完了讲稿。有家长反问“老师，我孩子在幼儿园真有那么多缺点吗？我觉得他在家里挺好的”；还有家长问“老师，还有没有什么事？”

《幼儿园教育指导纲要（试行）》指出，家庭是幼儿园重要的合作伙伴。幼儿园应本着尊重、平等、合作的原则，争取家长的理解、支持和主动参与，并积极支持、帮助家长提高教育能力。家长会是家园沟通的重要途径，也是一项集体活动，涉及的人比较多，有家长、幼儿、班主任、班级教师。在整个过程中，教师只有展现自己完美的礼仪，才能赢得家长的认同和支持。

学习目标

知识目标：

1. 了解家长会会前、会中、会后的礼仪要求与沟通内容。
2. 了解家访的礼仪要求与沟通内容。

能力目标：

1. 掌握开家长会的礼仪要求。
2. 掌握家访的礼仪要求，学会与家长进行沟通。

素质目标：

1. 乐意学习正确的家园共育礼仪，提高教师专业性，增强与家长的黏合度。
2. 与家长建立和谐的关系，促进幼儿发展。

任务一　家长会礼仪与沟通

任务目标

1. 了解幼儿教师召开家长会的会前礼仪内容，明确对家长的通知工作和召开家长会的目的。

2. 掌握家长会会中及会后的礼仪与沟通内容，并掌握特殊情况下与家长沟通的技巧。

任务阐述

本任务主要从幼儿园教师在召开家长会前、会中及会后的三个方面介绍家长会礼仪与沟通。其中会中和会后的礼仪与沟通内容是本任务学习的重点。学生在此环节学习时，要深入掌握其中内容，了解特殊情况下与家长沟通的技巧，尝试在实训活动的练习中合理运用。

新知学习

一、家长会前的礼仪

幼儿教师必须在心理上重视家长会，在家长会前一周左右做好通知工作，确保每个家长都要知道。还应对家长会有正确的认识和了解，知道开家长会的目的是与家长沟通，加深双方对幼儿的了解；向家长宣传，帮助家长正确地教育幼儿；向家长展示，让家长认识、理解幼儿教师，从而支持幼儿教师的工作。

二、家长会过程中的礼仪与沟通

开家长会时，家长可以按幼儿的座位坐好，也可以由幼儿教师安排。幼儿教师在安排座位时，不能差别对待。在开家长会的过程中，幼儿教师要注意以下礼仪。

（1）家长到园后，教师与幼儿一起接待家长。会前教师要和每位家长做简短的交流。如果有家长来得很早，可以安排他们在活动室进行亲子游戏。

（2）严格遵守事先规定的时间。如果幼儿教师在家长会中拖拖拉拉，延迟了家长会的结束时间，就会给家长带来种种麻烦和不便。

（3）在开家长会的过程中，幼儿教师要为家长起表率作用，不要有接听手机、乱扔纸屑等不文明行为。

（4）不要让家长会成为任务摊派及任务完成情况发布会。有的幼儿教师利用家长会“号召”家长帮忙完成班级事务，如帮助解决班级运动会、春游、舞蹈比赛、歌咏比赛所需要的服装、道具等，这在一定程度上会引起家长的不满，引发家长对幼儿园的质疑。

（5）家长会应遵循“报喜不报忧”的原则。幼儿教师不能让家长会变成批斗会，要保护幼儿的自尊心，不能让他们在其他幼儿和家长面前抬不起头来，以至于自暴自弃。这不利于班级的管理，也不利于幼儿未来的发展。

（6）对于幼儿做的好人好事、取得的进步等好的方面，一定要在家长会这样的公开场合进行表扬，以此鼓励、强化幼儿的优秀行为；对于幼儿的缺点、不足、错误，则可在家访中或通过与家长个别交流的形式进行沟通。

（7）家长会应确定某一主题，可以适当留出一定的时间让家长发言，表达自己的看法，只有这样做才能集思广益。

三、家长会后的礼仪与沟通

家长会结束后，幼儿教师要礼貌地与家长告别，感谢他们抽出时间来参加家长会，感谢他们对教师工作的支持。这样的方式不仅完美地展示了幼儿教师的礼仪，可以让幼儿在其中受到良好的礼仪训练和熏陶，而且可以让家长感受到班级的温馨，使家长更愿意与教师合作，从而共同形成强大的教育合力。

家长会结束后，接待个别家长是常有的事情，对家长如何做到以礼相待，直接关系到接待的效果，也关系到对幼儿的教育，因此，要注意相关礼仪。

（1）针对家长个性采取不同措施。每个家长都有自己的独特个性，谈话时，我们要根据不同家长的不同个性特征采取不同的措施。

（2）选择合适的交谈场合。一般在专门的接待室交谈，或是在园区进行交谈。

（3）注意与家长进行思想交流。与个别家长交谈时，常常会把注意力放在幼儿身上，在此可以进行一些突破，比如，聊家常、谈思想等。

（4）尊重家长的看法。幼儿教师与家长之间是完全平等的。在接待家长时，平等协商，不可武断，在具体问题上有不同看法时，要尊重家长的看法。

开阔视野

特殊情况下与家长沟通的技巧

很多与家长的沟通可能是在特殊情况下的语言交流。幼儿园的工作会出现不尽人意的地方，对于园方和教师自身出现的工作失误，教师一定要有勇气承担责任，敢于面对家长的质疑，以坦诚、负责的态度处理善后工作，达到令家长满意的结果。这就需要幼儿教师扎实掌握并合理运用特殊情境下与家长沟通的语言技巧。

1. 与带有负面情绪的家长沟通

平心而论，家长生气肯定有其原因，教师和家长从工作关系上讲是平等的，都是幼儿的教育者；目标是一致的，都想培养好幼儿。所以，面对家长时，教师的说话态度要谦和，要有礼貌。在与家长交流时，要立足为幼儿成长而忧、为幼儿进步而急，坦诚相见、推心置腹，站在家长的角度寻求原因。家长来访时，第一件事就是给家长让座，如果可以，再帮他（她）倒杯水，然后心平气和地开始谈事情，这样效果会很好，教师在处理事情的时候也就显得主动了。

2. 反映幼儿在园情况时与家长的沟通

家长视自己的孩子为“掌上明珠”，都喜欢听到自己孩子进步的消息。听到孩子的进步，家长才能更加积极地配合教师以及幼儿园的工作。对于幼儿的进步，教师必须实事求是，不盲目夸耀。教师与家长沟通时要坦然、大方，开诚布公地指出幼儿的缺点，不要吞吞吐吐，否则，家长会觉得教师性格懦弱、缺少经验、不可信赖，内心还会对教师有排斥心理。

3. 幼儿发生意外时与家长沟通

在幼儿园，幼儿难免会发生磕磕碰碰。当幼儿不慎发生意想不到的事情时，教师要寻找自身的责任，不要推卸责任，否则，会让家长对教师的印象大打折扣。作为教师，一定要坦诚地告知家长幼儿受伤的缘由，要站在家长的角度去考虑事情。在与家长交流时，思维要清晰，态度要诚恳、坦然。主动接受家长的建议，等待家长情绪平稳了再与其进行平心静气的交流，力求稳妥地解决突发事件，将不良后果降到最低。

乐学善思

最近一向活泼开朗的雯雯突然变得沉默寡言，总是脱离集体自己玩。家长会后需单独向雯雯妈妈沟通此情况，请你列一份与雯雯妈妈沟通的提纲，并提交给老师。

任务二　家访礼仪与沟通

任务目标

了解幼儿关于家访的礼仪与沟通内容，掌握合适的家访时机及面对不同类型的家长时不同的沟通技巧。

任务阐述

本任务主要介绍幼儿教师家访的时间要求、个人形象礼仪要求及与家长的沟通技巧。其中与不同家长的不同沟通方法是学习的重点，所以学生在此环节学习时，应着重掌握此内容，并尝试在实训活动中合理运用，与家长和谐沟通。

新知学习

突然的家访

毛毛是一个特别调皮的孩子，中午和幼儿踢球时，不仅撞倒了其他班级的幼儿，还将球踢到了教师的办公室，砸坏了办公室的玻璃。姜老师非常生气，放学后，没有和毛毛的家长打好招呼就直接去了毛毛的家里，向毛毛的爸爸描述了毛毛今天犯的错，还将以往毛毛不听话的地方一一列举出来，并批评了毛毛的爸爸管教不严。毛毛的爸爸非常尴尬，当着姜老师的面把毛毛打了一顿。然而，这次家访并没有带来好的结果，毛毛以前只是偶尔犯错，现在几乎每天都会惹出点事，好像和姜老师作对一样。

家访是全方位了解幼儿的一个非常有效的途径。家访一般是与家长沟通情况，交流感情，商讨共同教养幼儿的方式方法。定期家访是幼儿教师必不可少的工作，家访时，幼儿教师只有掌握一定的方法和技巧，严格遵守家访的礼仪，才能起到事半功倍的效果。

一、选择时机，预约前往

教师在登门家访前，要事先打招呼，应选择家长方便的时间家访，如下班后，或者休息时间。农村家庭最好选择在农闲时，使家长在各方面都有所准备。不打招呼，做“不速之客”，或者勉强家长，这些都是失礼行为，还有可能造成不必要的误会，让家长以为幼儿在幼儿园发生了什么事情，引起不必要的担忧。

开阔视野

电话预约家访礼仪

通常提前三天进行电话预约。

先问好，然后做自我介绍，咨询一下对方忙不忙，方不方便接电话，接下来再说事。

您好！请问是 ×× 幼儿的家长吗？

您好！我是英才幼儿园的 ×× 老师，不好意思，打扰您了，请问您现在方便接电话吗？

您之前来过我们幼儿园，我们准备明天上门家访，请问您明天什么时间段会在家呢？

家访当天短信预约如下。

×× 家长，您好！我们是英才幼儿园的老师，昨天和您预约的 ×× 老师将于 ×× 点准时到达您家！

二、服装整洁，仪容得体

家访前，要注意仪容整洁，做好衣服、头发、面容、牙齿、口腔及手部等卫生清洁工作。

家访服装要大方、得体、干净、整洁，要穿有领子和袖子的衣服，领口不宜过低，衣料不宜过薄，不穿超短裙，鞋子要方便穿脱。避免着装过紧过露，夏天再热也不能在学生家脱衣服；冬天不要在学生家里说冷，有批评主人环境不好之嫌。

家访首先要注意敲门的礼节，讲究敲门的艺术。到达后，要用食指敲门，力度适中，间隔有序地敲三下，等待回音。如无应声，可再稍加力度，再敲三下，如有应声，待门开时再向前迈半步，与主人相对，打招呼后方能入内，不能贸然闯入。

家访教师要注意举止的细节，做到稳重端庄，合乎礼节，按主人指引的方向行走和入座，遵守主人家习惯。家长不让座，不能随便坐下，家长让座后，要表示感谢，然后采用规范的礼仪坐姿坐下。主人递茶、果，要双手接过并表示谢意。下雨时，不要把雨伞带进房屋；根据学生家中的习惯决定进屋时是否换拖鞋；尽可能不在别人家使用卫生间；除非家长主动请你参观，否则，不要在其家中东转西瞧，但可以要求看看学生的房间，以示关心，并对学生做详细了解。家访时，如遇新客来访，家长做介绍时，应起立向来客问候。

三、用语得体，悉心聆听

跟家长谈话，语言要客气。进门可简要说些寒暄的话语，夸夸主人的房间布置等。无论学生家境贫富，教师都要表现得不卑不亢，平和自然。说话声音要控制，不可大声交流，尽可能不接无关电话，如有电话进来，注意控制音量和时间，尽量简单。家访时还要注意，访谈不应涉及家庭收入、工作职位、婚姻状况等个人隐私问题，注意礼貌和尊重。

要注意分寸，反映幼儿情况要全面，充分肯定幼儿的优点，再把不足提出来，指明努力进步的方向，语气尽量委婉，并向家长提供有效的教育方法，同时，还要善于聆听。

家访时，面对不同的家长，需要选择不同的沟通方法。

1. 善谈的家长

教师要学会当热心的听众，留给家长发表自己观点的余地，悉心聆听家长的育儿观，也可以适时补充意见，帮助家长完善其教育思想。

2. 主动型或含蓄、内敛型的家长

面对主动型家长时，教师需要让家长处于主体地位，多留时间倾听，不要随意打断。对含蓄、内敛的家长，教师应主动提一些问题引出话题，善于从家长言行及环境中观察并捕捉有关信息，同时，教师应该有针对性地提出问题，给出家教建议，尽量全面地了解幼儿，从而更好地达到家园合作共育的目的。

3. 知识型家长

与知识型家长谈话可以多讨论一些教育理念方面的内容，用科学稳妥的态度面对家长，用确实可信的理论依据分析幼儿的发展情况，用切实可行的教育策略赢得家长的信任。

4. 长辈型家长

对于年龄比较大的长辈型家长，教师要用尊敬的态度、较缓慢的语速以及先报喜后报忧的方式对待。一般情况下，隔代人对幼儿较骄纵、宠爱，而且思想有些保守、固执，如果教师完全不顾及他的思维方式则很容易引起冲突和矛盾，不利于家长工作的顺利开展。

5. 期望过高型家长

与期望过高型家长沟通时，教师应多向他们说明幼儿的年龄特点，让其明白过高过急的要求只会适得其反，使幼儿丧失信心。比如，一些家长总是说“我的孩子都 4 岁了，怎么还有几个数字不认识，是不是太笨了”。教师在遇到这种情况时，要耐心地跟家长解释，如“这个年龄段的幼儿主要以形象思维为主，而数字或者符号对孩子来说比较抽象，有些数字不认识也是很正常的，如果硬逼着孩子去死记硬背，反倒会让孩子对数学失去兴趣，这就得不偿失了。”

6. 放任自流型家长

放任自流型家长往往觉得“树大自然直”，觉得孩子还小，不必给孩子太多限制，从而导致孩子很没有规矩。与这类家长沟通时，教师应客观地评价幼儿，使家长全面地了解自己孩子的发展水平，让其明白“没有规矩不成方圆”，让其明白什么是真正的爱，鼓励发展孩子的个性没有错，但一定要有原则。除常规沟通外，教师还可邀请家长参与开放日活动，让家长直观地了解孩子的在园情况，促使他们反思自己的教育态度，改变原有的教育观念。

7. 甩手掌柜型家长

甩手掌柜型家长往往没有太多的教育理念，觉得把孩子送到幼儿园就是把孩子交给了教师，一切教育任务都是教师的。与这类家长沟通时，教师应向他们宣传家园合作的重要性，使家长明白家庭教育对幼儿的重要影响，从而主动承担教育责任。一方面，教师给他们提建议，告诉他们除了满足孩子的物质要求外，不能忽视孩子的精神营养；另一方面，教师争取与家长建立友谊，真诚地请他们支持幼儿园教育，共同为孩子的健康发展而努力。

另外，还有的家长比较关注孩子的发展，但不知道方法，整天向教师提出各种问题，这就需要教师工作有细心、耐心，同时，需要教师广泛涉猎幼儿教育方面的知识，不断提升自己的专业能力。教师对自己不明确或不懂的问题，一定要谨慎回答，可告知家长自己还需要想一想再来回答他，而不能草率地给出建议。

有的家长将孩子送来幼儿园就是请教师当保姆看孩子，不跟教师交流沟通，不关心孩子的在园表现。对于这类家长，教师既要耐心地解答家长的问题，用简单易懂的语言指导家长配合幼儿园进行家园共育，也要及时主动地与家长沟通，逐渐转变家长的育儿观念。

教师需要在工作中勤于思考和实践，寻找与不同类型家长进行沟通的方式，以更好地实现家园共育。

四、守时守信，不多打扰

家访时，要严格遵守约定的时间，准时前往，不要提前到达，以免因家长未准备好而陷入尴尬境地；不能迟到，避免因对方等待太久而浪费时间；更不可失约，如有特殊原因造成不能按时前往或失约，应及时向家长说明情况并请求谅解。

同时，家访时间不宜过长，达到预期目的即告辞，并要与家访家庭的所有成员一一告别。起身告辞时，教师要向家长表示“打扰”之歉意。出门后，回身主动伸手与主人握别，说“留步”。待主人留步后，走几步，再回首挥手致意说“再见”。家访时间一般控制在半小时以内。

五、以诚相待，拒绝吃请

教师家访的主要目的是深入了解幼儿，拉近与幼儿之间的距离，增进感情，以及解决幼儿存在的问题。教师不能借家访解决私事，不能请家长为自己帮忙，也不能接受家长的吃请，或者接受家长馈赠的礼物，以免影响教师个人的威信和幼儿园的形象。

幼儿教师进行家访后，可以参考下表 6-2-1 的家访记录表，记录家访情况、与家长有效沟通的结果，整理留档，便于后续查询。

表 6-2-1　幼儿园家访记录表

班级：＿＿＿＿＿＿＿＿　　家访教师：＿＿＿＿＿＿＿＿

时间		被访幼儿姓名		形式（电话、走访）	
学生家庭住址				联系电话	
家访幼儿概况					
家访目的					
家访过程记录					
家访效果					
家访心得					

ⓘ 乐学善思

根据本任务中新知学习板块的案例，请你说一说姜老师的家访有什么不合适的地方？如果是你，你准备怎样进行家访？请制作一份家访提纲，并提交给老师。

任务三　实训活动——家长会方案设计

活动目标：

通过家长会的方案设计，模拟开展家长会的活动流程，提高自己的实践能力。

活动准备：

根据要召开的家长会议内容，准备相关的多媒体文件、纸质文件或其他教具。（注：多媒体文件或其他文件需一起提交给老师。）

活动步骤：

1. 幼儿园要召开家长会，请自拟会议主题，设计一份家长会主题活动方案，并提交给老师。

2. 以小组为单位制订家长会流程，拟写家长会通知、家长会发言稿等，注意家长会会前、会中及会后的礼仪与沟通。

任务四　实训活动——幼儿教师与家长沟通扮演活动

活动目标：

掌握家访相关的礼仪与沟通技巧。

活动内容：

根据以下场景内容，以小组为单位进行角色扮演，练习家访礼仪。

场景一：萱萱近几天一直没来幼儿园，幼儿教师准备进行一次家访。

场景二：甜心是新入园的小班小朋友，课间时，甜心的妈妈打电话来幼儿园了解甜心在幼儿园的情况。

活动准备：

桌子、椅子等和家庭设施相关的场地布置物品准备。

活动步骤：

1. 练习家访时，4 人一组，分别扮演幼儿教师、幼儿爸爸、幼儿妈妈、幼儿，需注意在练习过程中的家访礼仪。

2. 场景二练习时，需注意接听电话的相关礼仪，分组扮演幼儿教师、幼儿妈妈。

项目评价表

序号	评价内容	分值范围	评价依据	自主评分
1	对家长会前、会中、会后礼仪与沟通内容的掌握情况。	0～20分	将掌握情况及对内容的理解进行总结，并以电子文档/纸质形式提交给老师，再依据总结的内容情况评分。	
2	对幼儿教师登门家访的礼仪与沟通内容的掌握情况。	0～10分		
3	任务一、二中乐学善思环节的完成情况。	0～30分	根据提交的内容情况评分。	
4	任务三的完成情况。	0～20分		
5	任务四的完成情况。	0～20分	根据现场的情景演练表现评分。	
得分（总分100分）				

项目七　幼儿教师与领导、同事交往的礼仪与沟通

学习起航

墙上的画

王老师在幼儿园里是一位很有能力的资深教师，但是她与园长的关系却相处不好。新学期快开学了，幼儿园的老师们都在重新布置教室环境，以迎接孩子们的到来。负责大一班工作的王老师在和李老师经过多次商榷之后，开始了环境布置工作。在即将完工的时候，园长来视察各班的环境布置情况。当看完大一班的环境布置后，园长直接下达命令把墙上的画换掉，说是色彩单调，太难看。王老师有些尴尬，试着向园长解释："这是大一班的小朋友上学期末自己画的画，我们想孩子长假回园后看到墙上自己的画会有一种亲切感。"园长迟疑了一下说："关键是太难看了，还是换掉为好。"王老师听了虽然很恼火，但还是用诚恳的语气和园长沟通："园长，记得我刚入职的时候您跟我说过，幼儿园是孩子的家，所以环境布置一定要围绕孩子进行，为他们创造适宜的环境是首要原则，其次才是美观。我一直记着您的教导。现在您对我们的方案不满意，能具体提出您的意见吗？您是觉得孩子的作品不够美观，还是我们的布置方式有问题？我们可不可以在此基础上做一点修改？ 毕竟开学在即，仓促地重新制定方案，也不一定能尽如人意。您觉得呢？"园长听了王老师的一席话，没有再坚持己见，而是和王老师一起讨论在孩子们的作品基础上进行修改。后来孩子们回到幼儿园看到自己的作品后非常开心。

对于幼儿教师而言，在工作中沟通的对象众多，要如何针对不同的对象选择合适的沟通技巧是我们要思考的问题。良好的沟通是建立和谐工作关系的必经之路。

学习目标

知识目标：

1. 了解幼儿教师与领导交往的礼仪与沟通要求。
2. 了解幼儿教师与同事之间交往的礼仪与沟通要求。

能力目标：

1. 掌握并合理运用幼儿教师与领导交往的礼仪与沟通方式。
2. 掌握并合理运用幼儿教师与同事交往的礼仪与沟通方式。

素质目标：

1. 在工作场所注意礼仪与沟通，建立和谐的人际关系。
2. 提升个人职业素养，提高职业竞争力。

任务一　与领导交往的礼仪与沟通

任务目标

了解幼儿教师与领导交往的礼仪，并掌握和领导沟通的技巧。

任务阐述

与领导的交往是我们日常工作中不可避免的事情。当和领导沟通时，遇到一些特殊的情况如何更好地处理是个大问题，此任务对解决办法进行了详细的介绍。因此，学生在学习时，要认真思考本任务内容，在日常生活的特定场合中合理运用。

新知学习

一、与领导交往的礼仪

幼儿教师在工作中，与领导相处也应该讲礼仪，而且和领导处理好关系对自己的工作非常有帮助。关于如何处理好与领导的关系，应该做到以下几点：

1. 维护领导的尊严

（1）要有分寸感。无论在什么场合，与领导说话都要有分寸，不能随便开玩笑。

（2）尊敬领导。身为领导，必定有其能力，领导身上有很多值得我们学习的地方。

（3）不顶撞领导，不在背后议论领导是非，更不能散布对领导的不满情绪。对领导工作中出现的失误，应宽容、体谅。

（4）不要在领导之间有意无意地形成亲疏关系。

2. 遵守必要的礼节

（1）见到领导应该上前打招呼。如果距离近，宜微笑点头，或致以 15° 鞠躬礼，并用礼貌用语打招呼。如果距离远，当目光相遇时，可行注视礼，应微笑点头或招手致意。

（2）无论在园内或园外，只要领导在场，在离开的时候一定要跟领导打声招呼，如说一声“对不起，我先走一步了”，或说“再见”，以示敬意。

（3）领导进入办公室时，要起立迎接，微笑着问好，待领导就座后再坐下。

（4）进入领导的办公室要敲门，得到许可才能进入。如果遇到领导正与他人交谈，但确有急事需要马上请示，可以说“对不起，打扰了……”

（5）接待上级领导，进行座次排列时，不仅要重视运用具体的礼仪技巧，如居中为上、前排为上、面门为上、以远为上，而且应当注意内外有别、中外有别与主随客便三大要点。

3. 尊重领导的隐私

不要当着其他同事的面讨论你与领导的私事，或与领导勾肩搭背。偶尔碰到领导的隐私时，应装作没看见、看不清或看不懂。不要触及领导的隐私，更不要再次提起，或在公共场合、同事之间传播；与领导一起出差，不要订同一间客房；领导进入房间后，客房成了领导暂时的私人空间，如果要找领导谈工作，必须先打电话联系，不要贸然去敲门。

二、与领导交往的沟通

（一）与领导意见不符时

工作中假如与领导意见不一致，首先要以领导的意见为核心，委婉地表达自己的想法和意见。只要是从工作出发，摆事实、讲道理，领导一般是会予以考虑的。人与人之间的尊重是相互的，“敬人者，人恒敬之”，一个懂得尊重别人的人，必能获得更多的尊重。总之，与领导意见不符时应尊重领导，理解领导的处境和难处，不要搬弄是非。

（二）接受领导布置任务时

1. 做好准备

在谈话时，充分了解自己所要说的话的要点，简练、扼要、明确地向领导汇报。如果有些问题是需要请示的，自己心中应有两个以上的方案，而且能向上级分析各方案的利弊，这样有利于领导作出决断。为此，应周密准备，弄清每个细节，随时可以回答，如果领导同意某一方案，尽快将其整理成文字再呈上，要先替领导考虑提出问题的可行性。

2. 选择时机

领导一天到晚要考虑的问题很多，你应当根据问题的重要与否，选择适当时机去反映。

3. 报告有据

不要对领导说自己没有把握的事情。领导问到实际工作状态，一定要如实回答，诚恳地说出目前工作的态度，让领导在工作上给出更多的建议，促进自身成长。

（三）向领导汇报工作时

1. 忌报喜不报忧

对不好的消息，要在事前主动报告。越早汇报越有价值，这样领导可以及时采取应对策略以减少损失。报喜不报忧，这是多数人的通病，特别是在失败是由自己造成的情况下。实际上，碰到这种情况，就更加不能隐瞒，隐瞒只会造成更加严重的后果。

2. 要在事前主动报告

尽量在上级提出疑问前主动汇报，即使是要很长时间才能完成的工作，也应该有情况就报告，以便领导了解工作是否按计划进行，需要做怎样的调整。在工作不能按原计划达到目标的情况下，应尽早使领导知道事情的详细经过。汇报也具有时效性，及时地汇报才能发挥出最大的效力。及时向领导汇报，还会使你与领导建立良好的互信关系，领导会主动对你的工作进行指导，帮助你尽善尽美地完成工作。

3. 汇报工作要严谨

汇报工作时，要先说结果，再说经过。这样，汇报时，就可以简明扼要、节省时间。在工作报告中，不仅要谈自己的想法和推测，还必须说准确无误的事实。

4. 不要骄傲揽功

“揽功”即是把工作成绩中不属于自己的内容往自己的功劳簿上记。是喜说喜、是忧报忧，是一种高尚的人品和良好的职业道德的体现。采取这种态度和做法的人，可能会在眼前利益上遭受某些损失，但是从长远看，必定能够站稳脚跟，并获得发展的机会。

5. 真诚虚心求教

主动请领导对自己的工作总结予以评点。以真诚的态度去征求领导的意见，让领导把心里话讲出来。对于领导的诚恳评点，即便是逆耳之言，也应以认真的精神、负责的态度去细心反思。只有那些能够虚心接受领导评点的员工和下属，才能够被领导委以重任。

乐学善思

假设你是中一班的班主任，请将你们班近期的学习情况或发生的大事向园长做一次汇报，你会怎么汇报呢？请写一份汇报方案并提交给老师。

任务二　与同事交往的礼仪与沟通

任务目标

1. 了解幼儿教师与同事之间交往的礼仪原则。
2. 了解幼儿教师与同事之间交往时的沟通技巧。

任务阐述

在工作中能否与同事和谐相处，很大程度上也影响着工作效率。因此，在学习此任务时，要着重掌握与同事之间处理不同问题时的沟通技巧，尝试在日常生活中处理同类问题时合理运用技巧。

新知学习

小秋的优越感

小秋是刚从幼师学校毕业的大学生，由于文笔、形象都很好，被一家幼儿园聘用，任幼儿教师兼办公室干事。小秋工作还是勤奋认真的，但因在办公室工作，能得到一些消息，小秋得知后会在同事中迅速发布这些消息，来证明自己是一个消息灵通人士。有一次，小秋无意中发现了一位同事电脑中的秘密，便将之告诉了自己的两位好朋友（也是同事关系），谁知一传十，十传百，同事们都知道了这个秘密。在一次选举教研组长会议上，小秋发言说：“这个组织里只有我是大学毕业，其余的都是中专生或者是函授毕业的……”

过了一段时间，领导找小秋谈话，准备将她调离办公室工作。同时，小秋也明显感到同事们同她愈来愈疏远了。小秋找到她的好朋友小平诉苦道：“在那儿工作真是太难了。”

同事之间相处如何，直接影响情绪，进而影响工作和事业的发展。和谐、融洽的同事关系会让人身心愉悦，有利于工作的顺利开展。教师应该本着相互尊重的原则，同时，应具有团队精神与合作态度，处理好同事之间的关系，这样才能共同配合做好本职工作。

一、与同事交往的礼仪原则

1. 相互尊重

（1）要以礼相待，互相尊重。不对同事盛气凌人，指手画脚。真诚、平等相待，一视同仁，不伤害、打击他人。要相互支持，相互体谅，相互提供方便，相互关心。

（2）有事需要同事帮忙要礼貌为先，事后一定要说声“谢谢”。

（3）上班时，进入幼儿园见到园里的工作人员，均应问“你好”“早上好”，或微笑、点头致意。下班离开时，要互道“再见”“明天见”。

（4）要尊重同事的人格、同事的物品所有权及同事的工作。提出意见的方式可以是“我对这件事有看法，因为……”提出建议的方式可以是“我想，能不能这样……，仅供参考。”

2. 称呼得体

在办公室里，同事之间一般以名字相称，对于德高望重的同事，要以职衔称呼或冠以“先生”“老师”等称谓。在幼儿面前，对同事一般不直呼其名，应从幼儿的角度称呼“×× 老师”为宜；忌用生活中的称呼“小 ×”“老 ×”等。

开阔视野

办公室人际关系处理是每个人都应该修炼的一门功课，我们都应该学会用美而得体的姿态在复杂的人际关系中求得生存，在交往中也需要遵循一些原则，具体如下。

第一，微笑多一点，办事稳一点。

第二，嘴巴甜一点，脑筋活一点。

第三，动作轻一点，效率高一点。

第四，说话柔一点，肚量大一点。

第五，行动快一点，凡事忍一点。

3. 关心帮助

同事有困难，通常首先会找亲朋好友帮忙。作为同事，遇到这样的情况应该主动询问，对力所能及的事情伸出援助之手，这样可以增进双方的感情，使同事关系更加融洽。

4. 保持距离

同事之间相处要保持一定的交往距离，给对方和自己一个放心的空间。尊重同事，不干涉个人私事。与同事之间保持距离有五点要求：

（1）别人“办公”时，最好离得远一些；看到同事写东西或阅读书信时，不论知悉与否，都应该自觉走开。

（2）在同事不在或未经允许的情况下，不要擅自动用同事的物品。

（3）同事工作时，没有重要的事情，不要去打扰，更不要有事没事地随意询问，以免打断别人的思路或造成尴尬局面。

（4）与异性同事相处要讲究分寸，避免造成误解和麻烦等。

（5）“君子之交淡如水”，只有在相互尊重的基础上注重相处的礼节，同事之间的关系才能融洽和长久。

5. 愉快合作

我们在与同事的相处中应懂得宽容，要理解、支持同事，多赞美，少嫉妒。“三人行，必有我师焉”，要善于向同事学习，并“择其善者而从之，其不善者而改之”。

二、与同事交往的沟通技巧

与同事相处是职场的重要一课，与同事建立友好、融洽的关系是顺利开展工作的基本前提之一。

1. 工作交接时的沟通

与同事工作交接时，要多倾听对方意见，尊重对方的劳动。每个人都渴望被重视、被尊重。要获得同事的信赖和合作，就应以平等的姿态与人沟通，相信他的劳动是有价值的。同时，也要相信别人获得的成绩是通过劳动获得的，应该在表示祝贺的时候试着向别人靠近，学习别人成功的经验，这样才能提高自己。

2. 应对异议和分歧时的沟通

同事之间最容易产生利益关系。如果对一些小事不能正确对待，就容易形成隔阂。应以大局为重，在合作过程中有了成绩时，不宜把功绩包揽给自己。合作中的失误和差错，则要勇于负起责任，该承担的要承担，要有团队的意识。同事之间由于经历、立场等方面的差异，对同一个问题往往会产生不同的看法，引起一些争论，一不小心就容易伤和气。不要过分争论，客观上，人接受新观点需要一个过程，如果过分争论，就容易激化矛盾而影响团结。学会巧用委婉的、鼓励的、幽默的语言等化解尴尬。

3. 与不同年龄段的同事沟通

代沟是与不同年龄段同事交流与沟通的难点，要克服代沟的阻碍，首先，要选择对方能接受的交流和沟通方式；其次，要与人为善，其中微笑是不同年龄层都听得懂且乐意接受的语言；最后，不要太心急，能够看到同事身上的优点，并及时给予赞美、肯定，对一些不足给予积极的鼓励，这是良好沟通的基础。

4. 发生利益冲突时与同事沟通

在我们的工作中，很多人都站在自己的角度争取利益，工作中斤斤计较，喜欢占小便宜，只顾眼前利益，这样的人肯定会被同事讨厌，结果许多时候是占了小便宜却吃了大亏。在工作中应体现大度，一定要换个角度，站在对方的角度为对方想想，理解对方的处境，千万不能情绪化。

⑦ 乐学善思

根据本任务新知学习中的案例，如果你是小秋的同事，你会对小秋说些什么呢？请写一份交流提纲并在小组之间交流评价。

提纲：
小组交流评与价：

任务三　实训活动——幼儿教师与同事沟通训练

活动目标：

通过情景训练，锻炼幼儿教师与同事之间的相处与沟通能力，建立和谐的人际关系。

活动内容：

马上要进行观摩课比赛了，新来的李老师第一次参加这样的活动，有些紧张，她想向教研组组长王老师请教一下自己选的这节课怎么上，李老师该怎么说呢？

活动准备：

以小组为单位，自行设定沟通的场合，并根据场合准备相应的道具。

活动步骤：

1. 学生两人一组自由结合，分别饰演新来的李老师和教研组长，其他小组成员进行观摩并轮流进行沟通训练。

2. 模拟结束后进行交流与评价，之后将模拟问答过程及交流与评价填入下框。

模拟问答过程：
组内交流与评价：

项目评价表

<table>
<tr><th>序号</th><th>评价内容</th><th>分值范围</th><th>评价依据</th><th>自主评分</th></tr>
<tr><td>1</td><td>对幼儿教师与领导交往的礼仪与沟通的内容掌握情况。</td><td>0～15分</td><td rowspan="2">将掌握情况及对内容的理解进行总结，并以电子文档或纸质形式提交给老师，再依据总结的内容情况评分。</td><td></td></tr>
<tr><td>2</td><td>对幼儿教师与同事之间交往的礼仪与沟通内容掌握情况。</td><td>0～15分</td><td></td></tr>
<tr><td>3</td><td>任务一中乐学善思环节的完成情况。</td><td>0～20分</td><td>根据提交的方案情况评分。</td><td></td></tr>
<tr><td>4</td><td>任务二中乐学善思环节的完成情况。</td><td>0～20分</td><td>根据方案设定与组内交流评价情况评分。</td><td></td></tr>
<tr><td>5</td><td>实训活动中的沟通训练参与情况。</td><td>0～30分</td><td>根据现场的情景模拟表现评分。</td><td></td></tr>
<tr><td colspan="4">得分（总分100分）</td><td></td></tr>
</table>

项目八　幼儿园见习、实习、求职礼仪与沟通

学习起航

不同的工作态度

王雪儿是幼儿园的一名实习生，一次在组织幼儿户外活动时，一名小朋友不小心摔倒了，膝盖蹭破了皮。王雪儿见状上前把小朋友扶起，马上向带班老师汇报。带班老师查看过伤口后，让王雪儿把小朋友送到医务室，让医护人员帮她搽药，贴上创可贴。午睡后，王雪儿关切地询问小朋友的情况。离园后，王雪儿很抱歉地向家长说明白天在幼儿园发生的事情："今天真是对不起，由于我们照顾不周，让孩子受伤了。这是创可贴，明天请您给她换上好吗？"王雪儿真诚的态度取得了家长的谅解。

李萌到一家大型外企办的幼儿园应聘，已经通过了初试、笔试等环节，只要复试一过，就能获得这份工作了。到了复试这一天，幼儿园的园长、有关负责人和面试考官都准时到了，谁知李萌却迟到了三分钟。结果，李萌失掉了这次宝贵的机会。

见习、实习是幼儿师范生走向工作岗位前提高职业道德、将知识转化为能力和培养社会交往能力的学习过程，尤其是实习，实习是幼儿师范生学习基本技能的关键环节。

每年学生毕业季，学生走入社会时，求职礼仪细节及形象也越来越被用人单位重视，作为一名幼师毕业生，除必要的专业素养外，掌握求职的礼仪和沟通技巧也是很有必要的。

学习目标

知识目标：

1. 了解作为见习生、实习生的各项礼仪要求。
2. 了解求职前礼仪、面试礼仪与沟通及面试后的礼仪与沟通内容。

能力目标：

1. 掌握见习生、实习生的各项礼仪要求，为幼儿园工作做好准备。
2. 掌握并正确运用求职时的礼仪与沟通要求。

素质目标：

1. 具有正确的见习、实习和求职的礼仪与沟通技巧，提高自身修养与职业竞争力。
2. 积极学习职业礼仪与沟通技巧，提高职业素养和专业能力。

任务一 见习、实习礼仪与沟通

任务目标

掌握见习生、实习生的个人仪表、仪容、仪态、言谈、交往和见习、实习结束时的礼仪要求。

任务阐述

见习、实习，是学生走上正式工作岗位前的重要工作经历。本任务主要介绍在这一特殊的工作经历中，学生应该具有的礼仪与沟通的基本技能。因此，学生要认真学习此环节内容，为成为一名合格的幼儿教师做准备。

新知学习

见习包括保育见习和教育见习，时间是一至两周。实习主要是指毕业实习，时间是一个月左右。在见习期间，幼儿师范生要清楚自己的身份：你是一名见习生，你的任务就是按照学校的见习要求，用心观察幼儿一日活动几大环节中保育工作的内容和方法，学习指导老师是如何对幼儿开展教育活动的，同时，做好相关的记录。在此期间，幼儿师范生不可以组织幼儿开展任何形式的活动，也不能干涉保育员和指导老师的工作。

而在实习期间，你只是一名“准老师”，还不是一名正式的幼儿园教师。你不能擅作主张组织幼儿开展各类活动或处理幼儿突发的意外事故。如果要开展活动，要征得指导老师的同意并且在他们的协助下开展；如果幼儿发生任何事故，要第一时间向指导老师和幼儿园负责人汇报，由他们来处理，自己不能私自处理。因为处理不当，会影响学校与实习园的关系及今后的实习工作，同时，也会影响幼儿园与家长的关系。

无论是见习还是实习，幼儿师范生都要礼貌待人、谦虚好学、举止大方、为人师表。

一、见习生、实习生个人仪表、仪容、仪态礼仪的具体要求

幼儿园教师是幼儿灵魂的塑造者，教师的言谈、举止、仪表、气质、待人接物的方式都是幼儿学习仿效的榜样。教师的一举一动、一言一行都会出现于幼儿敏锐的注意中，成为幼儿的行为准则，直接影响幼儿的成长。尤其是实习期，实习生在实习园的时间至少有一个月左右，有更多的机会与幼儿接触。虽然是实习生，但在幼儿心目中已是老师。所以，见习生、实习生除了要严格遵守见习、实习的工作要求外，还要注意个人的仪表仪容和仪态举止，给见习、实习单位留下好的印象，给幼儿树立学习的榜样，也为学校今后的见习、实习工作打下良好的基础。

（一）见习生、实习生仪表仪容的具体要求

1. 着装自然朴素

俗语说得好，“唱什么戏，穿什么行头”。在见习、实习期间，幼儿师范生的着装要自然、大方、朴素、干净、整洁、有朝气。同时，实习生作为一名实习老师，着装要为人师表，显示出良好的知识素养和严谨的生活态度。幼儿师范生正处于花季年华，穿着应活泼、随意一些，但是，要注意以下四点。

（1）不要衣着稀奇古怪，忌穿露脐装、露背装、无袖衣裙、低腰裤、紧身衣等性感服装。

（2）不要衣冠不整、不修边幅，不要穿拖鞋。

（3）不要浓妆艳抹、花枝招展。

（4）不要戴戒指、耳环等饰物。

2. 个人卫生整洁

见习生、实习生要注意做好个人的卫生，保持面部、手部和头部的清洁。勤洗脸、洗脚、洗头、洗澡，保证身体无异味；早晚及饭后要刷牙；指甲要修理干净，不要留长指甲，指甲缝里不要藏有污垢，不要涂染指甲油；头发要梳理整齐、展示青春活力，不要染发、烫发或披发散发，留长头发的女同学要把头发束好，前额的刘海不要遮住眉毛；男同学不要留长发，胡子要刮干净，不要抽烟喝酒。

3. 待人亲切有礼

幼儿师范生在见习、实习期间，既是学生又是“老师”，不仅要与实习园领导、指导老师、幼儿打交道，还要与幼儿的家长打交道。见习生、实习生要注意做好自己的角色，态度要诚恳，尊重见习园、实习园的领导和教职员工，见面时热情主动问候，待人亲切有礼，工作认真负责，做到早到晚走和“手勤、腿勤、眼勤”，虚心接受实习园领导、指导老师、家长的意见。尊重家长，热情周到地接待家长，不要与家长发生矛盾冲突。对待幼儿要耐心、细心和有爱心，要有高度的责任心和事业心，要善于倾听，学会控制好自己的感情与情绪，不要向幼儿乱发脾气。

4. 注重细节

（1）对于一些小问题，不要认为是“细枝末节”就掉以轻心。

（2）不要在人前“打扫个人卫生”，如剔牙齿、掏鼻孔、挖耳屎、搓泥垢等。

（3）与人谈话时，要保持一定的距离，不要对人口沫横飞，声音不要太高或太低。

（4）与人交谈时，不要在牙缝中夹带食物残渣，不要有葱、蒜、韭菜等食物的气味。

（5）身体有异味要勤洗澡和勤换衣服，有疾病要及时治疗。

（6）谨言慎行，不要议论别人的隐私，不要乱起绰号。

（7）不要随意翻阅别人的资料或文件。

（8）不要随便食用幼儿的食物或接受幼儿的物品。

（二）见习生、实习生仪态举止的具体要求

仪态就是人的身体姿态，包括人的站姿、坐姿、走姿、表情以及身体展示的各种动作。在见习、实习过程中，见习生、实习生要时刻提醒自己，注意自己的行为举止，要为人师表，克服平时的一些不良习惯，展示自己良好的“体姿”。

在见习、实习听课期间，如果是坐着听课时，要注意正确的坐姿，如果是站着听课时（如室外的活动课），要注意正确的站姿，不要靠在墙壁、椅子上或三三两两靠在一起窃窃私语。

实习生在实习上课时，应站着讲课，要站稳站直，胸膛自然挺直，不要耸肩或过于昂头；目光要柔和、亲切、有神，给幼儿以平和、易接近的感觉；声音要温柔、适中，要耐心细致地倾听幼儿的回答，必要时可蹲在幼儿的身旁，抚摸幼儿的头，拍拍幼儿的手或肩膀，给予鼓励。当说话被幼儿打断，不能责备或体罚幼儿，也不能投以不屑的目光或冷漠待之，学会采用一些合适的方式或小活动让幼儿重新集中精神听课；当出现突发事情打断讲课时，如幼儿突然尿湿裤子，实习生要保持冷静，在指导老师的帮助下妥善处理事情，事后要进行自我批评与反思，找出事情发生的原因与解决问题的方法，避免类似问题再出现；同时，对当事的幼儿要进行关怀，不能嘲笑或责骂，以免伤害幼儿的自尊心。当需要用手势或教具来增强上课效果时，手势要得体、自然，出示教具要自然，要随相关内容进行；不要用教具或物品敲击讲台，提问时不能直接用手指指幼儿，而应是用手掌作“请”状。在行进期间，步幅不宜过大过急。在整个上课期间，实习生都应保持面带微笑。

二、见习生、实习生言谈礼仪的具体要求

在见习、实习活动中，见习生、实习生不一定都要伶牙俐齿，妙语连珠，但是，要求具有清晰的语言表达能力和良好的逻辑思维能力，在交谈中有个人的风格，并能以礼待人。

1. 礼貌言谈

无论是与园长、指导老师、家长、幼儿，还是见习生、实习生之间进行交谈时，都应使用礼貌语，态度要真诚热情、不卑不亢，语言要规范、准确、得体。“您好”“请”“谢谢”“麻烦”“对不起”“再见”等礼貌用语要常挂嘴边。

在见习、实习的日常工作中，相互见面，应礼貌地互道“您好”或“你好”，需要其他见习生、实习生或指导老师协助时，要用“请”“麻烦”“劳驾”；对同伴或指导老师提供的帮助和方便，要用“谢谢”“给您添麻烦了”；打扰或妨碍了他人时，要及时真诚地说声“对不起”“请原谅”“请多包涵”；接受吩咐时，说“听明白了”“清楚了，请您放心”；有同行或领导来园参观时，要说“欢迎”；有求于指导老师或同伴解答，要用“请问”等。

早上，负责值班的见习生、实习生要准时到园，在园门口接待幼儿与家长。见到幼儿和家长，要亲切问声“早上好”；下午，与家长和幼儿告别时，要亲切地说“再见，请走好”或“明天见”。见习生、实习生要时刻注意自己的言谈，给幼儿树立一个学习的榜样。

2. 注意称谓

见习生、实习生要尽快记住园长、指导老师的姓名。在与幼儿园园长、指导老师第一次见面时，就要用心记住园长、指导老师的姓名，见到园长或指导老师时，要以职务称呼对方，要分别说“× 园长好”“× 老师好”，不能笼统地说“老师好”；幼儿园的保育员或其他工作人员可以称呼为“阿姨”或“叔叔”；使用代称时，尽量使用“您”字，特别是对幼儿园的园长、年长的幼儿园老师和家长。不能给幼儿园园长、指导老师或工作人员起绰号，更不能随便称呼他们的外号。

见习生、实习生要在最短的时间内记住带班幼儿的姓名。对幼儿，可以称其为“×××，你好”；对幼儿的称呼要亲切，尽可能用“我们……”，而少用“你们……”；幼儿的家长可以称呼为“××× 小朋友的家长，您好”或“叔叔（阿姨），您好”。不能用有损幼儿形象的绰号或以外号称呼幼儿。见习生、实习生之间要相互理解，以礼相待。见习生、实习生之间也要以“老师”相称，尤其是在幼儿面前，既可以给幼儿树立文明有礼的榜样，有利于培养幼儿的文明礼貌习惯，也有利于在幼儿中树立威信。

3. 注意小节

（1）称谓要注意场合，如在上课期间，实习生之间不能互叫绰号。

（2）不要在别人背后说三道四。

（3）不要言而无信或轻易许下诺言。

（4）不要使用粗言污语。

（5）不要大声喧哗。

三、见习生、实习生交往礼仪的具体要求

（一）与见习、实习园园长的交往

1. 主动礼貌地与园长打招呼

见到园长，见习生、实习生都应放下手中的活儿，双手自然下垂站好，面带微笑，礼貌地与园长打招呼“园长，您好”或点头致意。

2. 虚心接受园长的指导

园长向见习生、实习生提出有关见习、实习工作的意见或建议时，要虚心接受，并在工作中有所体现。

3. 尊重园长的工作

见习生、实习生要尽量少打扰园长的工作。没有得到园长的允许，见习生、实习生不能擅自进入园长的办公室，也不能私自使用幼儿园的物品。一般情况下，有什么问题直接向指导老师反映、请教，除非是非常要紧的事或是见习生、实习生本人的事要找园长，在这种情况下才好去打扰园长。若实在有事情需要去打扰园长，则要注意以下几点。

第一，要提前与园长约定好时间，以免太突然而使园长措手不及或打乱园长的工作安排。在预约时间时，说话要婉转、自然、真诚，使用商量式的语气。

第二，要选择好见面的时间。一般来说，周一和周五这两天幼儿园工作较繁忙，除非是有特别要紧的事，一般都避开这两天找园长。

第三，要按时赴约。约好时间后不能失约，要按时到达园长的办公室，不要迟到或早到。如果有特殊原因不能准时到达的，要及时向园长说明并表示歉意。

第四，要有礼貌地进入园长办公室。到达园长办公室门口，要稍稍整理一下自己的头发和服装，然后用手指关节轻轻敲两三下门，并礼貌地通报自己的姓名，得到允许后才能推门进入。进门后，不要马上找椅子坐下，应该在得到允许后才在适当的位置上坐下。

第五，要直入话题。在赴约前，要把事情考虑好，想说什么，怎么样说等。坐下后直奔主题，简明扼要地把事情说明，尽量少说或不说客套话。得到答复后就应及时告辞，以免影响园长的工作。

第六，要礼貌地告辞。对园长的热情接待和帮助要表示感谢。离开时，要轻轻把门带上。

（二）与见习、实习园指导老师的交往

1. 尊重指导老师

指导老师就是见习生、实习生的“师傅”，见习生、实习生不仅要服从本校的带队指导老师，帮助老师开展工作，更要尊重见习、实习园的指导老师。在见习、实习期间，见习、实习园的指导老师与见习、实习生接触最多，尤其是实习期间，指导老师更是言传身教，手把手地向实习生传授有关幼儿教育教学的各种技能技巧。在此期间不要以貌取人或以年龄取人，无论指导教师的学历、相貌、年龄如何，都要以诚相见、以礼相待。更不要在指导老师背后或在小朋友面前评论指导老师，以损坏对方的形象。在见习、实习期间受到表扬时，应感谢指导老师的辛勤指导。

2. 主动、虚心地向“师傅”学习

在见习、实习过程中，指导老师都会针对见习、实习的工作给见习生、实习生做详细的讲解与示范，见习生、实习生用眼观察、用心体会、细细理解，学习他们丰富的教学经验和一丝不苟的敬业精神，学习他们的优点。不要自以为是，目中无人，我行我素，懒懒散散，马虎应付。不是实习工作范围内的事情，不要“多管闲事”，不要去打听对方的学历、家庭等。

3. 主动积极配合指导老师的工作

在观摩听课期间，见习生、实习生要做好“二传手”，如帮指导老师制作上课用的教具，早餐时帮忙分派餐具或组织好小朋友等。同时，见习生、实习生自己要做好听课记录，有不明白的地方在课余时和约定好的时间与场所请教。学习上的交流与讨论是必要的，但不能唯师是从，可以提出自己的见解，同样也要注意说话的口吻。多运用商量式的口吻，如“我觉得这个问题，这样处理，是不是会更好一些”等。

在实习上课期间，实习生要提前写好教案，做好教具，准时送给指导老师审阅，并按照指导老师的意见进行修改，修改后再送指导老师审阅，不要怕麻烦。在正式上课前，要进行试讲，要邀请指导老师和同组的实习生一同听课，试讲后，要及时根据老师和同学的意见进行修改、熟悉。上完课，实习生要主动征求大家的意见，恳请大家给予指导，不断提高自己的水平。实习生要组织小朋友开展活动，一定要征求指导老师的意见和建议，并得到他们的同意，不可以私自组织小朋友活动。上完课，如果指导老师需要教具，实习生应大方地把教具留给幼儿园。

★ 传统文化知多少

曾子避席

曾子是孔子的弟子，有一次他在孔子身边侍坐，孔子就问他："以前的圣贤之王有至高无上的德行、精要奥妙的理论，用来教导天下之人，人们就能和睦相处，君王和臣下之间也没有不满，你知道它们是什么吗？"曾子听了，明白老师孔子是要指点他最深刻的道理，于是，立刻从坐着的席子上站起来，走到席子外面，恭恭敬敬地回答道："我不够聪明，哪里能知道，还请老师把这些道理教给我。"在这里，"避席"是一种非常礼貌的行为，当曾子听到老师要向他传授知识时，他站起身来走到席子外向老师请教，是为了表示他对老师的尊重。

（三）与其他见习生、实习生的交往

学会与人交往、与人合作是非常重要的。要认识到见习、实习是一次难得的学习机会。见习生、实习生之间要相互帮助、相互关心、取长补短、共同进步，要以诚相待，要有宽容包涵之心，要有集体的观念。尤其是遇到其他见习、实习学校不熟悉的见习生、实习生，不能相互欺生，也不要互相唱对台戏或嘲笑同学；遇到问题时，大家要齐心协力、共同解决；要相互听课评课。在见习、实习期间，不要只是和自己熟悉的同学在一起，而孤立其他实习成员。如果是住在幼儿园的宿舍，要自觉地把宿舍卫生打扫干净，不要随便拿用别人的物品。

（四）与幼儿及幼儿家长的交往

"教师无小节"，从进入见习、实习园的第一天起，见习生、实习生就要注意自己的形象、言行、举止，要有老师的模样。在与幼儿交往的过程中，亦师亦友、宽严结合，对幼儿要真诚、耐心、细致、有爱心、一视同仁；使用儿童式的语言，亲切地与幼儿打招呼、交谈，不要板着脸；尊重幼儿的选择与意见，多称赞和表扬幼儿，对幼儿的"过错"，要讲究教育的艺术，保护幼儿的好奇心和自信心。在生活中，要关心幼儿，以大哥哥大姐姐的姿态呵护幼儿，适时提醒他们要注意的事项；照顾个别幼儿的特殊需要。在活动中，要和幼儿一起无拘无束地玩耍，引导教授他们相应的活动技能、技巧及与人相处的方式方法。注意不要随意给幼儿起绰号或叫他们的绰号，不要厚此薄彼，不能大声斥责、体罚或冷落幼儿。

见习生、实习生要热情有礼貌地与家长打招呼，虚心听取和接受家长的意见，如实、婉转地向家长反映小朋友在园的情况。当家长有情绪或意见时，实习生不要顶撞家长、与家长产生矛盾，或擅自做主处理问题，应该把问题交给指导老师或幼儿园领导去解决。

四、见习、实习结束时礼仪的具体要求

1. 提前告知园方见习、实习工作结束的时间

当见习、实习工作快要结束时，见习生、实习生要提早两三天告诉实习园领导和指导老师离园的具体时间，让见习、实习园做好各项工作的安排，使正常的教学活动不受影响，同时，能安排好时间组织召开欢送会。

2. 做好离园前的各项工作

在离开见习、实习园前，见习生、实习生要清理好自己借用见习、实习园或指导老师的有关资料或物品，并将有关的费用结算清楚。把宿舍和办公室的卫生打扫干净，物品还原到原来的位置。写好见习、实习的工作总结和有关的表格。

3. 与指导老师告别

请指导老师写好见习、实习工作的评定意见和成绩，虚心听取他们的意见或建议，感谢他们在见习、实习期间的真诚帮助。如果条件允许，可以向指导老师赠送小小的纪念品，以表示感谢。

4. 与幼儿告别

安慰幼儿的情绪，与他们一起合照留念，鼓励幼儿好好学习。可以让幼儿在留言本留言、画画，见习生、实习生也可以制作一些小玩具等与幼儿交换礼物以作纪念。

5. 召开欢送会

见习生、实习生可以在指导老师的帮助下，在见习、实习班召开欢送会，也可以组织有见习、实习园的领导、全体指导老师参加的欢送会。无论哪种情况，见习生、实习生都要对见习、实习园提供的见习、实习条件表示真挚的感谢。

6. 写信感谢

离园前，见习生、实习生最好能写一封言真意切的感谢信，在正式离园前一天，张贴在见习、实习园的板报栏，再次对见习、实习园的大力支持表示感谢。

7. 安静离园

见习生、实习生离园时，尽可能避开幼儿上课的时间，不要影响幼儿园正常的教学活动，以免对幼儿的情绪造成影响。

⑦ 乐学善思

在你所见习的班上，有一位幼儿午睡时尿床了，你会怎么处理呢？请在下面方框中写出

一份处理方案，并在学习小组内进行交流与评价。

处理方案：
组内交流与评价：

任务二　求职礼仪与沟通

任务目标

1. 了解求职前的心理准备、材料准备及物品准备的礼仪内容。
2. 掌握求职者在面试中、面试后所需的基本礼仪与沟通内容。

任务阐述

本任务共有三个板块内容，每个板块内容对求职者来说都非常重要。所以，学生在学习此任务时，要深入掌握每个环节内容，也可以通过自主查阅相关求职资料进行知识的扩充、经验的积累，为后续自己求职做好准备。

新知学习

一句话的力量

张宇到一家幼儿园参加面试，园长没和她聊几句就婉言拒绝了她。但是，张宇没有放弃，不像其他求职者那样一走了之，而是在临走前走到园长面前，十分礼貌地说："园长，很感谢您给我这次面试的宝贵机会，很不好意思，您的忠告让我知道我还需要努力，谢谢您！"

事后园长觉得这个小姑娘具有很大的可塑性，有培养发展的前途，于是，就把她录用为幼儿园的后备人员。

求职礼仪是公共礼仪的一种，是求职者整体素质的重要表现，是求职者在求职过程中与招聘单位接待者接触时应具有的礼貌行为和规范，主要是通过求职者的应聘材料、仪容仪表、言谈举止、应答与才艺表演等方面体现其内在的素质。作为一名毕业生，除必要的专业素养外，还必须掌握一些求职的礼仪惯例和技巧。

一、求职前礼仪

（一）求职前的心理准备

1. 研究自己，树立信心

对于求职应聘，任何一个毕业生在思想上都应该高度重视，树立信心。

（1）要充分认识自己。

分析自己具有哪些方面的优势、专长，注意扬长避短，保持积极、向上、乐观的态度，相信自己。

（2）具备积极主动的求职意识。

求职者要积极主动了解自己所学专业的培养目标，特别是关于本专业的用人信息，跟上社会发展变化的步伐。

（3）具备竞争意识。

一个人如果不主动“推销”自己，不善于捕捉一切有利于自己的时机，那么机会势必会和他擦肩而过。

2. 研究单位

求职者必须研究和这家单位相关的各种资料，比如，单位的成立背景、创立时间、规模及所在地、近几年的成长概况、经营理念等。可通过网络或询问老师来搜集相关资料。

（二）材料要充分准备

1. 毕业生就业推荐表

毕业生就业推荐表是学校为毕业生统一制作的、最具权威的求职面试的材料。推荐表的个人基本情况、学习情况的总结等部分内容是需要毕业生本人亲自填写的。这些内容的填写一定要书写工整。

在填写学习情况的总结时，一定要简明扼要，突出自己的优势和专长，说明所具备的能力和能胜任的工作。在填写时，要尽可能避免涂改，保持推荐表的整洁。推荐表的所有内容填好，盖上学校的公章后，毕业生要多复印几份，在面试求职的过程中使用复印件，原件留待与用人单位正式签约时才使用。

2. 求职信

在学校组织的毕业生供需会上，直接使用毕业生就业推荐表去求职就可以。但是，往往许多时候，毕业生除参加供需会外，自己还会亲自到其他幼儿园或单位去求职面试的。因此，除准备好毕业生就业推荐表外，还要精心准备求职信。

一份好的求职信应该是将自己的基本情况和求职意向表达清楚，并能给阅读者留下良好、清晰、深刻的印象。求职信最好是用手写。这是一种基本礼貌，是对阅信人的一种尊重。手写的求职信容易让对方感受到你求职的诚意。字体要求工整，可用楷书或行楷，不要潦草，可以使用黑色或蓝黑色的钢笔或签字笔。内容不能太长，尽量多分段，用一句话或几句话就说明一个问题。

求职信就如我们平时的书信，由称呼语、正文、结束语三部分组成。在称呼语部分，抬头必须顶格书写“×× 园长”或“×× 领导”，抬头后附承启语，如“您好”等。接下来就是正文部分，作自我介绍，说明自己的基本情况（兴趣、爱好、特长和优势）、学习情况（学习了哪些课程、所学专业的特点和适用的部门或岗位、获得的各类等级技能证书）、曾经获得的荣誉和奖励、求职的意向及应聘的理由。

求职信写好后，就可以根据自己的就业需要有针对性地寄给用人单位。最后，毕业生可以把求职信、毕业生就业推荐表、各种技能等级证书、荣誉证书、发表的论文等的复印件和优秀作品的照片等资料整理成一本有个人特色的求职材料。

（三）物品准备

由于幼儿教师职业的特殊需要，幼儿园的负责人往往在面试时要求毕业生现场展示作品或才艺表演。因此，在面试前，结合自己的特长精心准备好面试要用的物品，以备所需之用。

1. 表演类的物品

舞蹈鞋、舞蹈道具（如扇子、手绢等）、音乐伴奏带（如果是录音带，最好能事先把带子倒好）、录音机、各种表演用的乐器。

2. 展示类的物品

美术作品（作品要大气，保持平整和装饰好，不要折皱，更不能拿别人的作品充数）、发表或曾获奖的文章、教具、获奖证书的复印件等。

3. 模拟演练

事前的练习能帮助毕业生放松紧张的神经，并能发现问题，及时地进行修正。在正式面试前，毕业生要积极参加学校组织的模拟面试，对面试的各个环节进行熟悉。同时，虚心听取指导老师和同学的意见，不断地改进面试的技巧。此外，还可以几个同学组成一个练习小组，大家相互演练，不断改进，积累经验，以提高面试的成绩。

二、面试礼仪与沟通

（一）仪容礼仪

1. 仪容整洁

（1）清洁面部。

面试前，用洗面奶等清洁液清除附在脸上的污垢、汗渍等不洁之物。洗脸时，要清洗耳朵和脖子。洗脸后，适当地涂抹一些护肤品。可以化淡淡的妆，注意不要浓妆艳抹，不要涂眼影。在面试过程中，擦汗时要用纸巾或自备小手帕，不要用衣袖代替。

（2）清洁口腔。

保持口腔清洁是对别人的一种尊重，也是当今社会文明交往所必需的。在面试前，第一，要检查牙缝是否留有食物残渣。如果是刚用完餐，一定要刷牙漱口，避免上述情况出现。不要当众剔牙，要用手进行掩盖。与人交谈时，口角不应有白沫。第二，不要吃葱、蒜、韭菜等带有强烈异味的食物，以免造成与面试负责人交谈时的不快。如果口腔有异味，可以喝一杯牛奶，嚼几颗花生、茶叶或口香糖，以减少异味。但是，不能当众嚼花生、茶叶或口香糖，这是不礼貌的表现，特别是要避免与面试负责人一边交谈一边嚼东西。

（3）清洁头发。

面试前，最好清洗一次头发。面试时，头发要梳理整齐，女生的长发最好用发圈束好，不宜披头散发；男生不要留长发，不要留怪异的发型，也不要烫发和染发，头发不要有异味。进入面试场前，用手抖动衣物，避免上衣和肩背上落有头发或头皮屑，否则，就会给人不洁的感觉。

（4）清洁手部。

面试前，要认真清洗自己的手，特别是指甲缝，更要认真清洗，并把指甲修剪整齐，不要留长指甲，不要涂指甲油。

此外，还要注意鼻子的卫生，把鼻毛修剪整齐，不要当众用手挖鼻孔。男生还要把胡子刮干净。如果平时有使用香水习惯的同学，建议尽量使用淡淡香型的香水或暂时不用香水。面试前，如果条件允许，最好能洗一个热水澡，既可以做好个人的清洁卫生工作，又能放松面试前紧张的神经，舒缓情绪。

2. 仪表大方

作为一名幼师毕业生，面试时的着装应以自然、质朴为原则，与学生的年龄、身份相协调，体现青春活力、积极健康，力争第一次见面就给人整洁、美观、大方、端庄、青春、明快的感觉。除了可以选择穿校服外，还可以选择一些款式与线条简洁流畅的着装，如运动服、T 恤衫、夹克衫等。但是，要注意着装不能过于花哨（一般一身着装的颜色不超过三种），不能穿超短裙、露脐装等奇装异服，穿在身上的服装要平整，不要皱皱巴巴的，衣服的扣子要齐全，不能有开线的地方，更不能有破洞。

常言道："脚上无鞋穷半截。"这点出了鞋子的重要性，而穿什么样的鞋子要与服装相搭配。一般来说，如果是穿运动服或运动味较浓的服装（如上身是T恤衫，下身是舞蹈裤等），鞋子就可以选择运动鞋、布鞋；如果是穿裙子或裙装的校服，那么可以选择穿皮鞋，但是，注意皮鞋的鞋面保持干净。切记不要穿凉鞋去求职面试。

（二）言谈礼仪

学会说话也是成功的奠基石。在面试过程中，求职者注意言谈的方式与技巧，将有助于求职的成功，有时还会有额外的收获。与面试负责人交谈时，要做到谈吐礼貌、语言优雅、语调柔和、语音清晰、语速适中。坚持用"您好"开头，"请"字在中间，"谢谢"结尾。

学会倾听，是对言谈者的一种尊重，也是自身修养的一种表现。在与面试负责人交谈的过程中，求职者最好能集中精神，专心听对方说话，记住说话人的内容重点，保持微笑，自然流露出敬意，并用目光注视说话人。在倾听对方谈话时，要记住园长或面试负责人的姓名，身体微微倾向谈话人，表示对说话者的重视。注意做出适当的回应，可以用"是的""嗯""好"等词表示自己正在认真倾听，或用稍稍点头、会意的微笑等动作做出反应。尽量少用"啊""噢""哇"等夸张性的语气词；不要轻易打断负责人的说话或乱插话，尽可能做到"多听少说"，当然，该说的时候，还是要说清楚。

在与园长或面试负责人交谈的过程中，求职者还可以适当地配以手势、眼神和脸部表情，以增强交谈的效果。求职者要学会保持端庄中有微笑、严肃中有柔和的面部表情，不要嘻嘻哈哈或嬉皮笑脸，给人一种玩世不恭的感觉。

"眼睛是心灵的窗户"，在和对方目光接触的过程中，目光要轻柔、亲切、真诚。求职者要正视对方的眼睛和眉毛之间的三角区部位。如果不敢正视对方或含胸埋头，会被对方认为你害羞、害怕或对自己信心不足。同时，注意不要左顾右盼、东张西望，给人一种心不在焉的感觉。如果有多位面试负责人，目光先从左面的负责人开始，再到右面的负责人；然后，再从右面到左面，与所有的面试负责人进行目光的交流。

（三）举止礼仪

（1）面试时，举止要端庄、稳健，自然大方有美感，不做作。站立时要直，端坐时要正，走路的姿势要端庄文雅，平时要多加练习个人礼仪，在面试这样的场合才能运用自如。

（2）在与面试负责人的交往中，求职者胸挺背直，双目平视，能给人自信、乐观的感觉。

（3）在未得到面试负责人的允许前，求职者不要随便坐下。得到了允许后，应说声"谢谢"再坐下。入座后，不要随意摆动椅子。坐下时，不要一屁股把整个椅子坐满；如果是穿着裙子，在入座时应用手把裙子稍稍拢一下，不要坐下后再站起来整理衣服。入座后注意保持良好的体态。同时，注意双手不要放于臀下或不停地摆弄头发、手指、小饰物、手中物品等，或出现用手捂住嘴巴、掩嘴巴、摸下巴等小动作。

（4）求职者坐下来与面试负责人交谈时，身子要适当地向前倾，以示自己正认真地倾听负责人说话。

（5）走路时，上身应保持挺直，目光平视，面带微笑，双手自然前后摆动，步幅均匀，步距适中，步态轻盈，脚步声轻而稳，抬头挺胸迈步向前。在行走的过程中，注意双臂不要过分摆动，脚步声不要太重，免得把地板踩得“咚咚”作响，也不要用拖拉的方式；眼睛不要东张西望或低着头心事重重的样子，手不要插在口袋里或倒背双手或双臂相抱。即使你有什么紧急的事情，也不要在面试场内风风火火地快速行走，以免影响其他求职者。

（6）在面试的过程中，如果我们不小心把有关的资料弄丢在地上时，我们应先走到要拾物品的旁边，再以正确的蹲姿把物品拿起。

（四）自我介绍礼仪

无论是在学校组织的毕业生供需见面会上，还是毕业生亲自到幼儿园去求职面试，成功出色的自我介绍都有助于毕业生赢得用人单位的好感和信任，赢得了好感也就意味着求职成功的良好开端。

（1）在进行自我介绍时，求职者要面带笑容、态度自然、落落大方，礼貌地称呼对方（如“园长，您好”或“您好”），给园长一种亲善友好的感觉。

（2）自我介绍时，要抓住重点、力求简洁，要突出自己的知识和能力，如自己在校期间所学习的专业知识和掌握的某种技能技巧、自身的专长、具有幼儿园实习或社会实践的经验、爱好兴趣等，把自己的优势和闪光点重点介绍。避免平铺直叙、面面俱到而无法使自己在众多的求职者中脱颖而出，从而错失良机。

（3）自我介绍的语言要清晰准确，最好使用标准的普通话，不要夹带方言、土语或俚语，不要使用口头禅；语气要充满自信，保持正常的语速。

（4）自我介绍要诚实、实事求是、恰如其分，要与求职材料的内容相一致，不要夸大其词，说过头话。

求职者不管是以站着的姿态还是以坐着的姿态进行自我介绍，都要注意自己的仪态。一般地，求职者进入面试场，一见到园长或面试负责人，就应微笑着主动热情地打招呼：“园长，您好，我是 ××× 幼儿师范学校的应届毕业生，我的名字叫 ×××，是来参加贵园面试的，请多多指教。”说完后，双手恭恭敬敬地递上自己的求职资料。这样，你的面试之旅就顺利拉开了帷幕。

（五）应答和询问礼仪

在面试中，园长会提出许多问题，通过观察求职者在回答问题过程中的各种表现，从而考察求职者的综合素质和能力。

（1）求职者要逐一回答园长的提问。无论是站着回答还是坐着回答，求职者都要注意保持优雅的姿势和亲切的笑容，回答的声音要响亮，尤其是在开放式的面试场所，要适当地提高音量，让园长能清晰地听到你的回答。同时，要集中注意力，目光注视园长，必要时要点头应和。在回答过程中，求职者不要左顾右盼、注意力分散，更不要出现用手捂嘴巴、吐舌头、打哈欠、挠鼻子、抖动双腿、看手表等不文雅的小动作，回答完后不妨说一声“回答完毕”或“请您多多指教”，以提醒园长自己已回答完了。

（2）求职者要自信大方、沉着应对、不慌不忙、准确回答，是什么就答什么，不要答非所问或问而不答，这是很失礼的表现。在应答的过程中，难免会碰到一时答不出来的问题，求职者不要一言不发，可以用适当的话来缓冲一下：“这个问题我过去没怎么认真想过，但我认为……”，然后，迅速地在头脑中试归纳出几条主要的想法或先说说你所知道的内容，再承认自己有一部分内容还没有思考。只要求职者能从容地说出自己的想法，虽然回答不一定很完整，但是，这不会影响整个面试的效果。

（3）态度要诚恳、实事求是地作答，“知之为知之，不知为不知”，不要不懂装懂、弄虚作假或随意答复、敷衍了事。

（4）口齿伶俐，语言流利，突出重点，明了简要，条理清晰。由于面试的时间有限，在回答之前，应对自己要说的话稍加思考与整理，想好了的就先说，还没想好的就少说或不说。

（5）要有自己的见解，不要千篇一律。有个人特色的回答才能引起园长的注意。

（6）要谦虚，有错的地方要敢于承认，不要自吹自擂或过多地显示自我，更不能与园长发生争辩。一般情况下，不要打断园长的问话或抢答，听不懂时，可虚心地要求再重复一次，对重复的问题也要表现得有耐心。

开阔视野

面试应答范例

问题一：可以说说你自己吗？

回答：我觉得自己是一个细心、热心、具有爱心的人，平时同学有什么事情要帮忙，我都会尽力帮忙。我自己的性格较急躁，老师布置的事情或作业会在短期内最快完成，不想拖拉到最后期限。对工作认真积极，遇到困难不会轻易放弃。回答完毕。

小贴士：回答这个问题，要求求职者能客观地评价自己是有一点困难的，但关键是要以诚恳的态度实事求是、不卑不亢地回答，不要胡乱吹嘘或贬低自己。以谦虚的态度对待，自己的缺点也可以成为优点。同时，可借题发挥说说自己的工作态度和进取精神，园长在意的不一定是求职者表达的内容，而是求职者的态度。

问题二：本园对幼儿老师的要求很高很严，工作非常辛苦，你能忍受吗？

回答：“严师出高徒”，有压力才会有动力。我认为自己的性格适合当幼儿园老师。因为自己富有爱心，做事认真、负责，而且能吃苦耐劳。回答完毕。

小贴士：爱心与责任心是从事幼儿园工作必备的“二心”，也是幼儿园工作与许多普通工作的不同之处。求职者能够抓住幼儿园工作的性质和特点来回答，表明自己的决心，自然会受到园长的喜爱。

上文这类问题，答案没有正确与错误之分，求职者根据具体的情况回答即可，但是，要注意回答的内容要与求职材料一致，不要相差较大，以免给园长留下不诚实的印象；不要谈及与面试无关的问题，也不要夸大其词或夸夸其谈。

（六）才艺展示的礼仪

多才多艺的毕业生是最受幼儿园园长欢迎的，求职者要精心准备好要展示的才艺，做好展示前的各项准备工作，把握好充分表现自己的这个机会，力求在展示中把自己最精彩的一面表现出来，以求给园长留下深刻的印象。所以，要提前做好准备工作。

1. 要做好展示前的热身工作

如唱歌前要先练练声，跳舞前要先练练基本功；要穿好表演时所需的服装、鞋子等；要准备好表演时所需的各种物品，如音响、乐器等。

2. 才艺表演的项目和具体要求

才艺表演时，求职者在展示前都应用响亮、流利、标准的普通话报出自己将要展示的才艺名称，如“大家好，我将为大家展示的才艺是舞蹈，名字叫《××》，请多多指教”。在展示中，求职者要注意保持优雅姿势、落落大方、充满信心、大胆地表演，动作要到位、娴熟，声音要适中。在整个才艺展示过程中，求职者要注意把握好时间，不要占用太多的时间。

一般来说，如果园长提出才艺展示的具体要求和先后次序，求职者就要按照园长的要求进行展示；如果园长没有提出具体要求，求职者一定要先展示自己最拿手或准备最充分的才艺项目，力求留下最佳的第一印象。

3. 才艺展示时的注意事项

在进行舞蹈才艺表演时，求职者最好是把课堂上所学的内容与自己的创编相结合，使其有自己精心组织设计的动作和内容，这样就能显示出自己的与众不同，避免出现直接把课堂内容搬到面试考场的现象，或同一毕业学校的求职者表演的舞蹈动作与内容都是一样的。在表演的过程中，如有突发情况，求职者不要因慌张而影响表演甚至放弃表演，也不必对园长解释是什么原因。求职者的重要表现就是要继续表演才艺。其实，这能考验求职者的灵活应变能力，也是求职者表现自己的良好契机。

在进行钢琴才艺表演时，求职者要以正确的姿势坐在钢琴前，稳定情绪，果断地按下琴键，熟练地弹奏。如果是弹奏儿歌，即使园长没有要求，求职者也最好能以边弹边唱的形式进行。

才艺展示结束后，求职者要把自己的物品收好、带好，不要遗忘在面试考场，尤其是剪纸后产生的废纸，求职者最好能清理干净。园长提出意见后，求职者要虚心接受。最后，鞠躬表示感谢，并礼貌地退出考场。

三、面试后的礼仪与沟通

在整个面试过程中，求职者要善始善终，做好面试后的致谢和再次面试的准备工作。

1. 把握机会告辞

无论是参加学校组织的校园招聘会，还是求职者自己主动到幼儿园面试，或是用人单位约见求职者面试，求职者都要会察言观色，把握好结束面试的时机，在合适的时间向园长告辞。

一般来说，如果园长表现出心不在焉、心神不定的神态或不停地看手表，不停地整理有关的资料，或对求职者说："你的情况我们都很满意，但是，还有几个求职者在等我们面试呢。""感谢你对我们幼儿园的关心，一有消息，我们就马上通知你。""我们还没有最后定下来。"这些都是在暗示求职者：面试结束了。作为求职者，应主动礼貌地告辞。告辞前把自己的资料收拾好，如果需要，把自己的求职材料留下一份。告辞时应自然、大方、面带微笑，礼貌地退出面试考场。

2. 表示感谢

无论面试的结果如何，求职者在告辞时都应向园长表示衷心的感谢，如"非常感谢您给了我这一次难得的学习和锻炼的机会。占用了您宝贵的工作时间，希望有机会能为贵园服务，向您请教"。说完后微笑着站起来，伸出右手与园长握手告辞，再次谢谢园长，然后离开。

3. 耐心等待

求职者不要面试刚结束就急不可待地向园长打听面试的结果。一般来说，面试结束后，幼儿园的相关领导需要进行讨论，最后才决定录用人选。如果幼儿园非常迫切地需要老师，相信园长会主动联系或当场就给你一个确切的答复。求职者也可以事后主动打电话、发短信或写信给园长，询问面试的结果。这时，同样也需要注意措辞的礼貌。

4. 再次面试

一次面试结束后，如果没接到通知书，那么面试的结果是不得而知的。这时，求职者就不能放弃其他单位的面试，应尽快收拾好心情，准备再投入下一次面试。总结上一次面试的经验，找出不足的地方，并针对这些不足重新做准备，以争取最好的面试表现。

⑦ 乐学善思

请围绕你的求职要求写一份求职信，并将组内交流与评价结果填入下框中。

组内交流与评价：

任务三　实训活动——幼儿教师求职扮演活动

活动目标：

通过在模拟面试中的问答，锻炼自己的表达能力与随机应变能力，发现自己的不足之处，进行优化。

活动内容：

以小组为单位，组织一场求职面试。

活动准备：

小组根据面试内容设计，提前准备好相关的问题提纲、多媒体文件、桌椅等其他道具。

活动步骤：

1. 班级划分为 4 个学习小组，每个小组由 3 ～ 5 位同学扮演考官（其中一名为主考官），每位考官都需进行提问，并对面试过程进行记录。

2. 小组成员轮流扮演考生或考官，进行面试场合的体验。

3. 面试结束后，针对在面试过程中的记录进行交流与评价。

4. 如条件允许，可将整个面试过程以视频形式记录并提交给老师。

项目评价表

序号	评价内容	分值范围	评价依据	自主评分
1	对见习生、实习生礼仪与沟通内容的掌握情况。	0 ～ 15 分	将掌握情况及对内容的理解进行总结，并以电子文档或纸质形式提交给老师，再依据总结的内容情况评分。	
2	对求职礼仪与沟通内容的掌握情况。	0 ～ 15 分		
3	对任务一中乐学善思环节的完成情况。	0 ～ 20 分	根据提交的方案内容评分。	
4	对任务二中乐学善思环节的完成情况。	0 ～ 20 分	根据提交的方案内容及同学评价情况评分。	
5	实训活动中求职模拟活动的参与表现情况。	0 ～ 30 分	根据现场的情景模拟表现评分。	
得分（总分 100 分）				

项目九　幼儿园教师资格证考试面试篇

学习起航

王红的面试现场

在幼儿园教师资格证面试时会遇到各种各样的问题。王红在这次面试中就抽到了一道很考验幼师解决问题的能力的题，问题是："小明和亮亮两个小朋友打架了，第二天两个家长互相争吵了起来，你怎么办？"

好在王红平时看了很多的案例，也演练过。所以她思考片刻后有条不紊地说道："两个小朋友打架了，第二天两个家长也互相争吵了起来，我会从以下几个方面进行处理。首先，我会先安抚两位家长的情绪，我很理解他们的心情，但是这样的争吵不仅不会解决问题，还会为幼儿树立不好的榜样。其次，我会分别和两位家长进行沟通，幼儿每天在相处过程中，难免出现冲突，我们作为老师和家长，要耐心引导，教会他们正确处理问题的方式，希望家长可以和我一起，妥善解决两个小朋友打架的问题。最后，我会进行自我反思，是不是幼儿打架后，我没有处理好两个幼儿的关系，没有和家长提前沟通好，才会出现这样的情况，我会在之后的工作中，多加注意，避免这样的情况再次发生。总之，遇到以上问题，一方面我会妥善解决，另一方面我也会认真反思，不断提升自己的能力，把工作越做越好。"考官听了王红思考全面、条理清晰的回答，都微笑着点头。

面试主要是考查申请幼儿园教师资格人员应具备的基本素养、职业发展潜质和保教实践能力，是考官对考生良好的职业道德、心理素质和思维品质，以及能正确地理解问题，条理清晰地分析思考问题的综合评定，所以考生要在各方面做好充分的准备。

学习目标

知识目标：

1. 了解幼儿园教师资格证考试中面试的含义、面试流程及面试形式。
2. 了解幼儿园教师资格证考试中面试的测试目标。
3. 了解幼儿园教师资格证考试中面试的基础备考内容。

能力目标：

1. 掌握幼儿园教师资格证考试中面试的形式并进行练习。
2. 掌握幼儿园教师资格证考试中面试的测试目标，了解备考内容，有针对性地准备学习。

素质目标：

认真学习幼儿园教师资格证考试中的面试内容，提高幼儿园教师资格证备考效率及面试竞争力。

任务一　面试基础知识

任务目标

掌握幼儿园教师资格证考试中面试流程的八项内容、结构化面试形式、展示及答辩形式的具体内容。

任务阐述

面试是幼儿园教师资格证考试中的重要环节，本任务从三个板块进行了详细讲解。学生在学习时，要详细了解各个环节内容，为后续考试做好充分准备。

新知学习

一、幼儿园教师资格证面试的含义

幼儿园教师资格证面试不是简单的面对面谈话，它属于标准参照性考试，具有科学的测评标准、测评方法以及组织形式。幼儿园教师资格证面试是由组织者精心设计，在特定的场景中，以考官对考生面对面地提问及考生模拟课程教学为主要考查手段的，由表及里地考查考生的知识、能力、技能、方法等综合素质的一种考试活动。

二、幼儿园教师资格证面试流程

1. 面试报名

考生自行登录教育部中小学教师资格考试网（http://ntce.neea.edu.cn/），查询笔试成绩。笔试各科目成绩合格并在有效期限内的，可在该网站报名面试，申请者通过后，于指定时间到达指定考点进行确认和缴费。现场确认后，登录报名网址查看是否报名成功，根据公告安排打印准考证等。面试工作由省级教育行政部门负责具体组织实施，同时，由纪律检查部门全程监督。

2. 面试报到

考生一般需要提前 30 分钟到达指定地点报到，考试工作人员需要核对考生身份证件和面试通知书等相关证件，工作人员会根据系统安排好的时间通知考生面试的顺序。

3. 候考

考生持面试准考证、身份证，按时到达考点，进入候考室候考。

4. 抽题

按考点安排，登录面试测评软件系统，计算机从题库中随机抽取试题（幼儿园类别考生从抽取的两道试题中任选一道，其余类别只抽取一道试题），经考生确认后，系统打印试题清单。

5. 备课

考生持备课纸、试题清单进入备课室，撰写教案（或活动演示方案），备课时间 20 分钟。

6. 回答规定问题

考生由工作人员引导进入指定面试室。考官从题库中随机抽取两个规定问题，考生回答，时间 5 分钟。

7. 试讲 / 演示

考生按照准备的教案（或活动演示方案）进行试讲（或演示），时间 10 分钟。

8. 答辩

考官围绕考生试讲（或演示）内容和测试项目进行提问，考生答辩，时间 5 分钟。

三、面试的形式

1. 结构化面试

结构化面试具有试题固定、程序严谨、评分统一等特点。从实践来看，结构化面试的测量信度、效度都比较高，比较适合规模较大、组织规范性较强的录用面试。因此，结构化面试已经成为录用面试的基本方法。

结构化面试

在结构化面试中，考官的人数必须在两人以上，通常由 3 ～ 5 名考官组成面试小组。考官的组成一般也不是随意决定的，而是根据拟任职位的需要，按专业、职务乃至年龄、性别等进行科学配置，其中有一名考官为组长，多由他来主导整个面试的过程。

在教师资格证面试考试中，结构化面试一般为两道题，回答时间 5 分钟，主要包含教育学、心理学相关的教学理论知识，课堂教学相关的专业实践知识和教师职业素养等方面的内容。通过这些问题来考查考生在职业认知、心理素质、仪表仪态、言语表达、思维品质、教学设计、教学实施和教学评价八个方面的基本素养。

2. 展示（模拟试教）

模拟试教是在有限的时间内，从口头语言、形体语言和各种教学技能等方面来考查被面试者的综合能力与教学技能技巧。教师资格证面试中的模拟试教，会从题库中抽取两道试题，考生任选其中一题进行试教，试教时间为 10 ～ 12 分钟。

3. 答辩

答辩又称非结构化面试，就是没有固定的模式、框架和程序，主考官可以“随意”向被测者提出问题。对被测者而言，答辩也是无固定答题标准的面试形式，主考官提问的内容和顺序都取决于其自身的兴趣和现场应试者的回答。

答辩的目的是考官全方位、多角度地考查考生是否具备一名优秀的幼儿园教师的资格。答辩主要是对考生试讲情况的追问，所以，与“结构化”相比，更具灵活性和随机性。很多看似简单的提问实则暗含很多信息，从而给予考生一个比较全面、客观的评价。

在教师资格证面试考核中，通常来讲，考官会提一个问题，答题时间在 2 ～ 3 分钟，但也不排除考官不对考生提问或提多个问题的可能。因此，考生只需做好心理准备，心态平稳，如实回答即可。

乐学善思

在面试中，考官提问：“在游戏中幼儿可能会遇到哪些困难，你如何帮助幼儿解决困难？”请学生根据考官的提问在下面方框中写出一份作答方案，并在学习小组内进行交流与评价。

作答方案：
组内交流与评价：

任务二　面试测试目标

任务目标

了解幼儿园教师资格证考试中面试的九项测试目标。

任务阐述

本任务主要介绍幼儿园教师资格证考试中面试的测试目标，使学生通过对面试测试目标的了解，有针对性地进行面试准备，更好地掌握面试技能。

新知学习

测试目标是面试考核需要考查考生能力目标的具体描述，也是考生能力级别的一种具体的描述。核心是考查考生作为教师需要具备的相关综合能力。

一、职业理解能力

职业理解能力又称为求职动机，是指在一定需要的刺激下，直接推动个体进行求职活动以达到求职目的的内部心理活动。求职动机反映考生的世界观、人生观和价值观以及对未来的追求和抱负。考官可以借此预测出考生的抗压能力、工作态度等一系列与未来工作有密切联系的要素。

职业理解能力主要体现在以下几方面：

（1）热爱教育事业，尤其是幼教事业，责任心强，有正确的教育观。

（2）对学生具有爱心、耐心，具有正确的职业观、师生观、儿童观。

（3）能够把教育事业作为自己的职业理想。

（4）有了解幼儿兴趣、需要、个体差异的意识，能通过观察来了解幼儿。

二、心理素质与应变能力

教师是一个有着较大压力的职业，面试本身也是在有压力的情境下进行的一种考试活动。这就要求想成为人民教师的考生能够随机应变，对课堂教学中可能出现的问题作出正确的判断和处理，在重压下能够合理调控教学行为，顺利完成教学活动。

应变和自我控制能力主要体现在以下几方面：

（1）具有较好的情绪调控能力和环境适应能力。

（2）思维敏捷，思虑周全。

（3）能发挥教育机智，消除不利影响，正常完成教学工作。

（4）理解他人，能够了解和体会他人的感受。

三、仪表举止

教师的示范性特点和学生向师性、模仿性的特点决定了教师必须注重自己的仪容仪表和言行举止。同时，考生外在的穿着打扮和言行举止能够真实地反映一个人的精神面貌。仪表举止主要体现在以下两个方面。

（1）举止得体，文明礼貌，精神饱满。

（2）教姿协调，教态自然。

四、语言表达能力

语言表达能力是教师必须具备的基本素养，是教师向学生表达情感、传播思想的主要途径和载体。面试是考生与考官面对面地交流，而双方交流的基本方式就是语言，尤其在试讲与答题的面试形式中，即使考生的其他能力和素质再强，但如果无法用语言进行表达，就无法获得考官的认可。

语言表达能力主要体现在以下几方面：

（1）普通话标准，口齿清楚，表达流畅，有感染力。

（2）概念表述明确、正确，富有逻辑性，讲解生动形象、深入浅出。

（3）善于学习和倾听，表现出亲和力。

五、专业知识技能

教师的天职是教书育人，要教好书、育好人，教师必须具备良好的业务水平。反映在面试中，就是要求考生具备良好的教学基本功，有扎实的理论知识和实际操作能力。

专业知识技能主要体现在以下几个方面：

（1）精通自己所教学科，学科专业知识扎实，具备良好的教育理论修养。

（2）了解各年龄阶段幼儿的游戏特点、类型和功能，能根据需要提供支持与指导。

（3）能够了解幼儿性情喜好，具有弹、唱、画、跳、讲故事、手工制作等基本技能。

六、教育研究和创新能力

教师要完成“传道、授业、解惑”的重任，仅依靠一成不变的知识和能力是不行的。因此，教师应该积极投身教育科学研究，不断完善自己的知识储备和提高自己的教学能力。此外，新一轮的课程改革要求教师积极参与开发校本课程，创造性地实施国家课程和地方课程。这些都要求考生具备一定的教育研究能力和创新能力。

教育研究和创新能力主要体现在以下几方面：

（1）注重幼儿身心发展特点，创造性地组织课堂教学，改变教学方式。

（2）反思教育教学中的不足，关注和研究教育现象。

（3）带动学生共同参与求知、创新的过程，课堂教学寓教于乐。

七、人际沟通能力

教师是教育教学活动的中介，同时承担着与幼儿、幼儿家长、幼儿园同事等多方面的沟通工作，教师必须具备良好的人际交往能力，善于观察人的感受变化，注重人与人之间的沟通交流，建立和谐的人际关系。

人际沟通能力主要体现在以下几方面：

（1）人际合作的主动性，尊重幼儿，遵循学生主体性原则。

（2）具备组织中权属关系的意识（包括权限、服从、纪律等意识）。

（3）能够有效地沟通和传递信息，能够灵活地处理人际关系。

（4）理解协调家庭、社区等各种教育力量的重要性，掌握与家长沟通交流的基本方法。

八、组织管理协调能力

教师作为教育教学活动的组织者、管理者、协调者，必须具备一定的教育教学调控能力。

教育教学调控能力主要体现在以下几方面：

（1）制订教育教学工作计划，保证教育教学工作的有序进行。

（2）依据教学目标，规划课堂教学过程，并做出计划。

（3）灵活组织课堂教学，使课堂形式活泼多样，内容丰富多彩。

（4）做好班级团体管理工作，尤其注重幼儿安全管理。

（5）协调学校、家庭和社会各方的教育力量，形成教育合力。

九、综合分析和解决问题能力

在教育教学过程中，教师的综合分析能力和解决问题的能力尤为重要。综合分析和解决问题能力主要体现在以下几方面：

（1）从宏观方面对教育教学进行总体考虑，从微观方面对课堂教学各环节予以考虑。

（2）能注意整体和部分之间的相互关系及各部分之间的有机协调组合，对教学过程中的突发问题能够进行及时而有效的处理。

? 乐学善思

假如你在进行幼儿园教师资格证考试的面试，在面试中考官提问："请你谈谈对新课程背景下的教师观的看法。"请根据考官的提问在下面方框中写出一份作答方案，并在小组内进行交流与评价。

作答方案：
组内交流与评价：

任务三　面试基础备考

任务目标

掌握并理解幼儿园教师资格证考试中面试基础备考的礼仪礼节、心理素质和面试语言的具体内容。

任务阐述

面试时考察的是学生的综合素质，所以学生不仅要具备良好的专业技能，还要具备良好的心理素质及沟通技巧。本任务通过三个板块对面试时考察的综合内容进行讲解，学生学习时，应根据每个板块内容进行自我能力的完善与提升。

新知学习

幼儿园教师资格证面试相关准备和注意事项，主要包括考生的礼仪礼节、心理素质、面试语言等内容，在备考时，一定要注意整个面试过程中的外在表现。

一、礼仪礼节

1. 面试的仪容规范

（1）发型设计。

发型在人的仪容中占有举足轻重的地位，教师面试时，考生不可忽视其重要性。面试时，要适时梳理头发，不可有头皮屑；发型要朴实、大方，体现个性。男性的发式应给人以得体、整齐的感觉，能够显示男士成熟、稳重的气质；女士则比较适合清秀典雅的发型，能体现出稳重、干练、成熟的气质。

（2）个人清洁。

面试时，一定要保持面部、身体、口腔、头发的清洁。男士还要注意胡须清洁，如果没有特殊的宗教信仰和民族习惯，最好不要蓄胡须。

（3）面部化妆。

端庄整洁的形象会帮助女生在面试中取得高分。因此，女性考生的面部化妆一定要坚持素雅的原则，在让面容更精致、更有精神的同时，给人以爽洁、大方、清新的感觉。

对男性考生来说，在面部化妆方面做到面颊干净、整洁即可，不可蓄胡须，且鼻毛需修剪得体。

2. 面试的仪表规范

幼儿园教师仪表的基本要求，应当是具有职业美，即衣着、发式都要求整洁和大方。幼儿园教师的衣服不论其质量好差、新旧如何，都要做到端正、妥帖，衣服要洗干净，扣子要扣齐整。在服饰、发式方面不要过分追求时髦、华美。一般来说，幼儿园教师的服装式样宜庄重、明快和自然（具体的着装原则、着装礼仪可参考本书项目三——幼儿教师形象礼仪的相关内容）。

3. 面试的仪态规范

教师的教学仪态是自身素质、修养和精神内涵的审美展示。正确规范的仪态不仅是自我尊重和尊重他人的表现，而且在一定程度上也能反映出考生今后的工作态度和责任感。仪态指身体的姿态和形态，包含站姿、走姿、坐姿、手势语等，对幼儿园教师仪态的基本要求是端正、大方、亲切、自然（具体的仪态礼仪可参考本书项目三——幼儿教师形象礼仪的相关内容）。

二、心理素质

1. 放松心情

教师资格考试竞争非常激烈，不仅是知识能力的比拼，也是心理的较量，轻松的心情将有助于考生顺利过关。做到放松心情，可以从以下几方面来实现：

（1）做最好的准备。

很多情况下，紧张不安是因为没有做好准备。做好准备，不仅可以帮助考生消除紧张情绪，更重要的是可以帮助考生暂时忘记自己紧张的事情。

（2）做最坏的打算。

考生很容易把一件事情复杂化，并推断可能发生的后果很严重，但事情通常并非我们想象得那样严重。考生可通过自问可能发生的最糟糕的情况之类的问题，并给自己积极的暗示，从而消除紧张感。

（3）持积极的心态。

想象事情正在按照你预想的那样发展，虽然你的想象不是实际存在的，但是通过想象，你能够得到更舒缓的心情。

2. 树立信心

自信是迈开人生道路的第一步，是积极人生的开始。每个人都不可低估自己，更不能让疑心抹杀自己的创造力。一个人要想有所作为，必须始终坚信自己。

考生可以把面试官想象为你的上级，把竞争者设想为你的同事。这时，面试的场景将转化为一种互动的人际情境，考生就能够在一种轻松的心理状态下从容应对。

真正健康的、成熟的人际交往模式应该是“我行你也行，我好你也好”。这种心态的特点是去发现自己、他人和世界的光明面，从而使自己保持一种积极、乐观进取的精神状态。一旦拥有了这种态度，考生不必劳神费力地去讨好面试官，压制别人，能够坦然自若地表现自己的所有优势，也能理性地绕过面试官有意无意设下的陷阱。

3. 忌苛求完美

绝对的完美主义者即意味着永远的自我否定，因为他永远达不到他为自己所定的任何一个目标。绝对的完美主义者也意味着不知轻重、不分主次，他会强迫自己在每个细节上做着过分的、不必要的停留。

面试前，完美主义者最愿意干的，是给自己制造出数以千计的心理压力；面试中，完美主义者会尽量地掩饰、遮盖自己的不足。然而，完美主义者却忽略了面试的根本目的——全面而准确地展现自己的风采。心理学家研究指出，一个人的缺点必然是越抹越黑，一个人的优点则是越擦越亮。面试时，不必自怨自艾，不必妄自菲薄，多想想自己的优点和长处，更不必在面试官严厉的目光下，因怕暴露自己的缺点而动摇信心。

4. 舒缓紧张情绪

（1）自我暗示法。

面试至关重要，大多数考生在这个重要关头出现紧张和焦虑的情绪是正常的。紧张并非坏事，适度的紧张，反而能够刺激大脑兴奋，有助于集中注意力，提高效率。当然，过度的紧张也会导致发挥失常。所以，考生要学会以平常心接纳自己的紧张，一旦能做到这一点，考生就会发现紧张情绪并没有那么可怕。

（2）“深呼吸”法。

面试前 15 分钟考生进入引导区，很多人在这时紧张的情绪会达到顶点。这时，考生可以静坐，闭上眼睛做深呼吸，给大脑增加供氧量，在吐气的同时给自己一些心理暗示，想象自己已经把不好的情绪全部吐出。

三、面试语言

（一）注意称呼的使用

据心理学家研究，对别人怎样称呼十分重要，称呼恰当，能使对方产生相容心理，感情就较融洽；在面试中，进入考场后要向考官问好，一般就直接称呼“各位考官好”，离场时，一般用“各位考官辛苦了”。

在生活中，多数人既有展示自我的欲望又有不愿意做别人观众的心态，当你痛快地使用“我”时，考官可能已经认为你是一个以自我为中心的人了。所以，当你要表达你的观点时，可以把“我”改成“我们”，把“我想”“我觉得”改成“我们想”“我们认为”，以起到缓释作用。在某些情况下，也可以把“我”字省略。

（二）注重提问中技巧

面试过程是考官与考生双向交流的过程，一般主要是考官提问，考生回答。考生除非感觉确有必要，否则，尽量少提问或不提问，特别是不要提那些特别简单、特别复杂或十分敏感的问题，因为大多数考官不习惯回答考生的提问。这并不是说考生绝不能提问，礼貌而得体的提问往往能活跃面试气氛，激发考官的兴趣，展示考生的热情和才华。成功的提问者应选择正确的提问方式，准确评价所获取信息的准确性，并具备根据信息做出正确决策或采取适当行动的能力。考生在面试时，要尽力避免以下几种提问方式。

（1）开放式提问。

开放式提问常以“如何”“什么”“哪个”形式开头，目的是获取信息，鼓励回答，避免被动。考生只有在自己坦承表示不知道的情况下，方可这样向主考官提问。

（2）模糊式提问。

有些考生追求提问方式的婉转，本来是一个好问题，但由于掌握不好分寸，反而导致考官一时摸不着头脑，产生烦躁情绪。考生的问题含混不清将得不到期望的信息，因为考官只能对着猜测的问题来回答，而且答案大多也是模糊的。考生提问题时，应使用大家都容易理解的语言，避免使用难以理解的专业术语或行话。

（3）连串式提问。

不要一连问主考官好几个问题，这样往往使人应接不暇、疲于应对，容易引起考官的厌烦情绪。

（4）压迫式提问。

压迫式提问的分寸很难把握，稍有疏忽就可能给考官造成不良印象，以为考生有意挑衅，对自己不尊重、不信任。考生不得存心挑剔考官的毛病，也不要频繁进行指正，这类提问往往使人下不来台，造成尴尬局面，应当极力避免。

（5）引诱式提问。

引诱式提问看起来很平常，但对回答者却具有欺骗性。这种方式建立在一种对他人不信任的基础上。有的考生自作聪明，为了急于让考官认同自己的某个观点，故意设置一个圈套，使考官钻进去，最后不得不承认考生是正确的。使用这种提问方式的危险在于会产生事与愿违的结果。考官一旦发现自己上当，将对考生产生反感，而不是对其“机智”产生钦佩之情。因此，从面试一开始，考生就应采取以诚待人的方式。

（6）清单式提问。

清单式提问指呈现出可能或需要抉择的问题的提问方式。其目的是获取信息，探询考官想得到的答案，但这种提问也有风险，如果考生列举的一大串答案还没有一个让人满意的，考官就容易怀疑考生的知识储备和思维能力。

（三）运用恰当的解释

解释是向有关方面或对象说明某事的含义、原因或理由等。一般来说，解释往往是在对方产生疑惑、怀疑或不满甚至责怪后进行的。

1. 解释的针对性

正确理解考官的疑问，有针对性地对考官的问题进行有效的解释，切忌答非所问。必要的时候，也可以适当使用间接解释，即以第三者的角度去解释，引用第三者的身份进行解释将会增强自己解释的客观性和说服力。

2. 解释的恰当性

面对考官的质疑，考生的解释用词要恰当。要想做到用词恰当，首先要做到的是态度端正。很多时候，考官并不是真的没听懂或没听清，考官要求考生解释某一问题，往往就是要看看考生会不会解释，考生也不能因为自己被误解而感到不自信，而是仍然要用富有情感的语言来解释和说明问题。

3. 解释的真实性和丰富性

解释时，若真实情况难以直言，考生应该实事求是，讲明客观原因，表明自己的态度，并做到有理有据，勇于承担责任，但也不要随意扩大责任，要就事论事，将责任严格限定在所解释的事情上。同时，用丰富的语言把自己的观点表达出来，包括使用丰富的词汇、多变的句式、和谐的节奏等。

（四）提升语言的逻辑性

逻辑性是指结构严谨、层次分明、前提完备、概念确切、推理严密、分析透彻、判断准确。语言的逻辑性是信息有效传递的根本保证，这要求考生在作答时语言要简洁、精练、流利、清晰。在面试过程中，考生要根据考题内容需要，交错运用长短句，适当使用时间词或序数词。在回答结束时，可以做一个小结，总结一下论述的观点。

（五）加强语言的说服力

考生在面试时，就是一个说服考官录取你的过程，同时，也是让考官信服你的过程。在这个过程中，考生需要通过肢体语言、口语等各种方式向考官展示你的个人信息。

（1）考生要真正做到尊重考官。

（2）在接受考官观点的基础上，委婉地提出自己的观点。不要固执己见，应该允许考官提出相反意见，并虚心倾听，真诚请教。

（3）有逻辑地表达，观点表达清晰，让考官正确理解你的思想，这是使语言具有说服力的根本保证。

（六）注意面试用语的禁忌

（1）忌语言重复啰唆，口头语较多。这不仅降低了语言的流畅性，也影响了语言的逻辑。

（2）注意语言的真实性，切忌太假太空的话。

（3）保证语言的完整性，不要自己和自己抢话。

（4）语言不要过于极端。

因此，考生在准备面试的过程中，要不断培养自己语言的说服力，并注意这些用语禁忌。

⑦ 乐学善思

请为即将参加面试的你设计一个合适的外部形象，并以照片形式提交老师。

任务四　实训活动——幼儿园教师资格证考试面试模拟训练

活动目标：

通过模拟训练加深自己对幼儿园教师资格证考试面试的了解，为以后进行幼儿园教师资格证考试做准备。

活动内容：

以小组为单位，组织幼儿园教师资格证考试面试的模拟训练。

活动准备：

幼儿园教师资格证考试面试试题准备：

（一）结构化问题

1. 有的家长虽然送孩子入园了，但是，从心理上还是认为上幼儿园无所谓，经常使孩子迟到，甚至不能坚持送孩子入园。你作为幼儿园老师该怎么做呢？

2. 有小朋友说他不喜欢你，你怎么办呢？

（二）活动展示：大班体育游戏“我俩是好朋友”

1. 内容

在一张报纸上撕出两个洞，让两个小朋友套在头上进行分组比赛，看谁先到终点。

2. 基本要求

（1）要求讲清楚如何制定游戏规则，如何组织游戏。

（2）模拟组织游戏。

（3）请在 10 分钟内完成上述任务。

（三）答辩问题

在这个活动中，你认为幼儿可能出现的最大的问题是什么？你怎么解决？

活动步骤：

1. 班级划分为 4 个学习小组，每个小组由 3 ～ 5 位同学扮演考官（其中一名为主考官），每位考官都需进行提问，并对面试过程进行记录。

2. 小组成员轮流扮演考生或考官，进行面试场合的体验。
3. 面试结束后，针对在面试过程中的记录进行交流与评价。
4. 如条件允许，可将整个面试过程以视频形式记录并提交给老师。

项目评价表

<table>
<tr><th>序号</th><th>评价内容</th><th>分值范围</th><th>评价依据</th><th>自主评分</th></tr>
<tr><td>1</td><td>对幼儿园教师资格证考试中面试的含义、面试流程及面试形式的掌握情况。</td><td>0～10分</td><td rowspan="3">将掌握情况及对内容的理解进行总结，并以电子文档或纸质形式提交给老师，再依据总结的内容情况评分。</td><td></td></tr>
<tr><td>2</td><td>对幼儿园教师资格证考试中面试测试目标的掌握情况。</td><td>0～10分</td><td></td></tr>
<tr><td>3</td><td>对幼儿园教师资格证考试中面试基础备考内容的掌握情况。</td><td>0～10分</td><td></td></tr>
<tr><td>4</td><td>任务一中乐学善思环节的完成情况。</td><td>0～15分</td><td rowspan="2">根据个人观点及小组交流评价结果评分。</td><td></td></tr>
<tr><td>5</td><td>任务二中乐学善思环节的完成情况。</td><td>0～15分</td><td></td></tr>
<tr><td>6</td><td>任务三中乐学善思环节的参与情况。</td><td>0～20分</td><td>根据提交的照片情况评分。</td><td></td></tr>
<tr><td>7</td><td>实训活动的完成情况。</td><td>0～20分</td><td>根据面试中的评价或视频内容进行评分。</td><td></td></tr>
<tr><td colspan="4">得分（总分100分）</td><td></td></tr>
</table>

参考文献

[1] 宋晓妍．幼儿园教师礼仪 [M]. 北京：北京师范大学，2019.

[2] 李显仁，吕永忠．幼儿教师礼仪 [M]. 长沙：湖南大学出版社，2018.

[3] 江净帆，李晖旭．教师礼仪与表达 [M]. 重庆：西南大学出版社，2019.

[4] 吕艳芝，林莉，韩艳．幼儿园教师礼仪 [M]. 北京：北京师范大学出版社，2019.

[5] 杨青，刘佳，张晓羽．幼儿教师礼仪训练教程 [M]. 北京：人民邮电出版社，2019.

[6] 沈淑明，丁仁富．幼儿教师职业礼仪（第 2 版）[M]. 北京：人民邮电出版社，2016.

[7] 袁涤非．教师礼仪 [M]. 北京：中国人民大学出版社，2018.

[8] 唐志华．幼儿教师礼仪基础教程（第 3 版）[M]. 上海：复旦大学出版社，2020.

[9] 赵晓丹．幼儿教师沟通与表达 [M]. 北京：北京师范大学出版社，2013.

[10] 廖贵英，肖海柏，刘汶艳．幼儿园教师面试指南 [M]. 北京：人民邮电出版社，2017.

[11] 程序．幼儿园教师资格证考试面试指南 [M]. 北京：北京师范大学出版社，2018.

[12] 张竟荣，宋旭民，邱燕．中国传统文化概论 [M]. 北京：国家行政学院出版社，2019.